# Psychologie der Massen

# Gustave Le Bon

# PSYCHOLOGIE DER MASSEN

ECLASSICA

– Bibliografische Information der Deutschen Nationalbibliothek –
Die Deutsche Nationalbibliothek verzeichnet diese Publikation in
der Deutschen Nationalbibliografie; detaillierte bibliografische Daten
sind im Internet über *http://dnb.d-nb.de* abrufbar.

# Impressum

ISBN: 978-3749498505

**Gustave Le Bon: Psychologie der Massen**

Originalausgabe 09/2019 (Print & eBook) by © eClassica®
Endlektorat und Umschlaggestaltung: textkompetenz.net
Covermotiv: Nürnberger Reichsparteitag der NSDAP von 1938: Großer Appell
der SS im Luitpoldhain. Quelle: Bundesarchiv/Wikipedia, CC-Lizenz. (Motiv gekontert)
Herausgeber: eClassica | AuraBooks | eclassica@aurabooks.de
Herstellung und Verlag: BoD – Books on Demand, Norderstedt
Gesetzt aus der Garamond
Dieses Buch gibt es auch als eBook,
z.B. im amazon Kindle Bookshop

# INHALT

# VORWORT DES HERAUSGEBERS

GUSTAVE LE BONS Buch *Psychologie der Massen* ist mehr als eine brillante Analyse von Massenphänomenen – es ist eine Warnung davor. Für Le Bon ist die Masse, im Gegensatz zum Individuum, kein ›Kulturerzeuger‹, sondern sie wirkt dunkel und negativ, ist im höchsten Maße manipulierbar, und neigt zu Intoleranz und Verfolgung Andersartiger. In der Masse zeigt sich das Instinktive, das Triebartige und Unbewusste. Die Individualität des Einzelnen tritt zurück, er verliert seine Kritikfähigkeit und verhält sich affektiv, zum Teil primitiv-barbarisch. Eine einheitliche, kaum kontrollierbare und oft gefährliche ›Kollektivseele‹, bildet sich (›*loi de l'unité mentale des foules*‹).

Revolutionär neu war an Le Bons Buch, dass er sich aus psychologischer Sicht mit Themenfeldern auseinandersetzt, die zwar seit Urzeiten in menschlichen Gesellschaften, insbesondere in Konfliktsituationen, eine Rolle spielen, die aber in dieser Form noch nie ausformuliert wurden. Es geht um Konformität, Entfremdung und Führung – und um die zentrale Rolle des Unterbewussten.

Le Bon macht auch auf die entscheidende Rolle eines ›Führers‹ in einer Massensituation aufmerksam, listet die Kriterien eines ›geeigneten‹ Führers auf und beschreibt verschiedene Führertypen. In diesem Zusammenhang formuliert er etwa: »*Ohne Führer ist die Masse wie eine Herde ohne Hirten. Große Führer können einen Glauben erwecken und damit ganze Völker steuern. Sie wirken oft durch eine große Rednergabe. – Führer sind keine Denker, sondern Männer der Tat, gelegentlich findet man unter ihnen Nervöse, Reizbare und Halbverrückte.*«

Obwohl dies wie auf Hitler gemünzt klingt, ist es nicht so. Der Text wurde 1895 veröffentlicht – und Le Bons Schreckensbild waren die sozialistischen Ideen, die gegen Ende des 19. Jahrhunderts in Europa auf dem Vormarsch waren. Sozialismus bedeutete für Le Bon die Gleichmacherei der Menschheit, und in einer möglichen sozialistischen Revolution sah er den Untergang der westlichen Zivilisation. – Er ahnte nicht, dass alles viel schlimmer kommen würde, allerdings aus einer ganz anderen Richtung: durch die Nazis. Man nimmt heute an, dass Hitler Le Bons Werk kannte, oder mindestens aus einer Zweitquelle zum Teil rezipierte. Man kann davon ausgehen, dass er bewusst die Lehren und Kenntnisse des französischen Soziologen übernahm und für seine manipulativen Zwecke ausnutzte.

Auf diese Ideen zu stoßen, war nicht schwer, denn ›Die Psychologie der Massen‹ fand bereits zu Lebzeiten des Autors große internationale Anerkennung. Das Werk erreichte eine hohe Auflage und wurde in zehn Sprachen übersetzt. Es galt im ersten Drittel des 20. Jahrhunderts als Standardwerk der Massenpsychologie und beeinflusste Sigmund Freud ebenso wie Max Weber und viele andere Denker. Gustave Le Bon kann somit als Begründer der modernen Massenpsychologie gelten.

*© Redaktion eClassica, 2019*

GUSTAVE LE BON (* 7. Mai 1841 in Nogent-le-Rotrou; † 15. Dezember 1931 in Paris) erlebte die Krisenzeiten der Februarrevolution von 1848 und der Pariser Kommune von 1871; beide Ereignisse prägten ihn stark. Nach einem Medizinstudium war er 1870 Militärarzt in einem Lazarett und beobachtete den fanatischen Eifer, den die französischen Soldaten im deutsch-französischen Krieg an den Tag legten. Hier begann er sich erste Gedanken über die »Manipulation der Volksseele« zu machen. Ab 1881 betrieb er auf verschiedenen Reisen, unter anderem nach Nordafrika und Indien, völkerkundliche Studien und veröffentlichte 1881 bis 1891 mehrere Werke zu den Themengebieten Anthropologie, Archäologie und Ethnologie. 1895 schließlich veröffentlichte er sein Hauptwerk ›Psychologie der Massen‹, das ihn zum einflussreichsten Soziologen seiner Zeit machte.

# VORWORT ZUR ERSTEN AUFLAGE

DIE ORGANISIERTEN MASSEN haben zu allen Zeiten eine wichtige Rolle im Völkerleben gespielt, niemals aber in solchem Maße wie heute. Die unbewusste Wirksamkeit der Massen, die an die Stelle der bewussten Tatkraft der Einzelnen tritt, bildet ein wesentliches Kennzeichen der Gegenwart.

Ich habe versucht, das schwierige Problem der Massen in streng wissenschaftlicher Weise zu behandeln, also methodisch und unbekümmert um Meinungen, Theorien und Doktrinen. Nur so, glaube ich, kommt man zur Erkenntnis der Wahrheit, besonders, wenn es sich, wie hier, um eine Frage handelt, die die Geister lebhaft erregt. Der Forscher, der sich um die Erklärung einer Erscheinung bemüht, hat sich um die Interessen, die durch seine Untersuchung berührt werden können, nicht zu kümmern. Ein ausgezeichneter Denker, Goblet d'Alviella, hat in einer seiner Schriften gesagt, ich gehöre keiner zeitgenössischen Schule an und träte zuweilen in Gegensatz zu gewissen Folgerungen aller Schulen. Hoffentlich verdient die vorliegende Arbeit das gleiche Urteil. Zu einer Schule gehören heißt: deren Vorurteile und Standpunkte teilen müssen.

Ich muss jedoch dem Leser erklären, warum ich aus meinen Studien Schlüsse ziehe, welche von denen abweichen, die sich auf den ersten Blick daraus ergeben, z. B. wenn ich den außerordentlichen geistigen Tiefstand der Massen feststelle und doch behaupte, es sei ungeachtet dieses Tiefstandes gefährlich, die Organisation der Massen anzutasten.

Sorgfältige Beobachtung der geschichtlichen Tatsachen hat mir nämlich stets gezeigt, dass es ganz und gar nicht in unserer Macht steht, die sozialen Organismen, die ebenso kompliziert sind wie andere Organisationen, jäh tiefgehenden Umwandlungen zu unterwerfen. Zuweilen ist die Natur radikal, doch nicht so, wie wir es verstehen; daher gibt es nichts Traurigeres für ein Volk als die Leidenschaft der großen Umgestaltungen, so vortrefflich sie theoretisch scheinen mögen. Nützlich wären sie nur dann, wenn es möglich wäre, die Seelen der Völker plötzlich zu ändern. Die Zeit allein hat diese Macht. Die Menschen werden von Ideen, Gefühlen und Gewohnheiten geleitet, von

Eigenschaften, die in ihnen selbst stecken. Institutionen und Gesetze sind Offenbarungen unserer Seele, der Ausdruck ihrer Bedürfnisse. Da die Institutionen und Gesetze von der Seele ausgehen, wird sie von ihnen nicht beeinflusst.

Das Studium der sozialen Erscheinungen lässt sich nicht von dem der Völker trennen, bei denen sie sich gebildet haben. Philosophisch betrachtet, können diese Erscheinungen unbedingten Wert haben, praktisch aber sind sie nur von bedingtem Wert.

Man muss also beim Studium einer sozialen Erscheinung dieselbe Sache nacheinander von zwei ganz verschiedenen Gesichtspunkten aus betrachten. Wir sehen demnach, dass die Lehren der reinen Vernunft sehr oft denen der praktischen entgegengesetzt sind. Es gibt keine Tatsachen, auch nicht auf physischem Gebiet, auf die sich diese Unterscheidung nicht anwenden ließe. Vom Gesichtspunkt der unbedingten Wahrheit aus sind ein Würfel, ein Kreis unveränderliche geometrische Figuren, die mittels feststehender Formeln genau zu bestimmen sind. Für den Gesichtssinn können diese geometrischen Figuren sehr mannigfache Formen annehmen.

In der Wirklichkeit kann die Perspektive den Würfel in eine Pyramide oder in ein Quadrat, den Kreis in eine Ellipse oder Gerade verwandeln. Und diese angenommenen Formen sind von viel größerer Bedeutung als die wirklichen; denn sie sind die einzigen, die wir sehen und die sich photographisch oder zeichnerisch wiedergeben lassen. Das Unwirkliche ist in gewissen Fällen wahrer als das Wirkliche. Es hieße, die Natur umformen und unkenntlich machen, wollte man sich die Dinge in ihren streng geometrischen Formen vorstellen. In einer Welt, deren Bewohner die Dinge nur abbilden oder photographieren könnten, jedoch nicht berühren, würde man nur sehr schwer zu einer genauen Vorstellung ihrer Form gelangen, und die Kenntnis dieser Form, die nur einer geringen Zahl von Gelehrten zugänglich wäre, würde nur schwaches Interesse wecken.

Der Philosoph, der die sozialen Erscheinungen studiert, muss sich vor Augen halten, dass sie neben ihrem theoretischen auch praktischen Wert haben und dass dieser vom Gesichtspunkt der

Kulturentwicklung der einzig bedeutsame ist. Das muss ihn sehr vorsichtig machen gegen die Folgerungen, welche die Logik ihm zunächst einzugeben scheint. Auch andere Gründe veranlassen ihn zur Zurückhaltung. Die sozialen Tatsachen sind so verwickelt, dass man sie in ihrer Gesamtheit nicht umfassen und die Wirkungen ihrer wechselseitigen Beeinflussung nicht voraussagen kann. Auch scheinen sich hinter den sichtbaren Tatsachen oft Tausende von unsichtbaren Ursachen zu verbergen. Die sichtbaren sozialen Tatsachen scheinen die Folgen einer riesigen, unbewussten Wirkungskraft zu sein, die nur zu oft unserer Untersuchung unzugänglich ist. Die wahrnehmbaren Erscheinungen lassen sich den Wogen vergleichen, welche der Oberfläche des Ozeans die unterirdischen Erschütterungen mitteilen, die in seinen Tiefen vorgehen, und die wir nicht kennen.

In den meisten Fällen zeigt die Handlungsweise der Massen eine außerordentlich niedrige Geistigkeit; aber in anderen Handlungen scheinen sie von jenen geheimnisvollen Kräften gelenkt zu werden, welche die Alten Schicksal, Natur, Vorsehung nannten, die wir als die Stimmen der Toten bezeichnen, und deren Macht wir nicht verkennen können, so unbekannt uns auch ihr Wesen ist. Oft scheint es, als ob die Völker in ihrem Schoß verborgene Kräfte tragen, von denen sie geführt werden. Kann etwas verwickelter, logischer, wunderbarer sein als eine Sprache? Und entspringt nicht dies wohlgeordnete und feine Gebilde der unbewussten Massenseele? Die gelehrtesten Hochschulen verzeichnen nur die Regeln dieser Sprachen, wären aber nicht imstande, sie zu schaffen. Wissen wir sicher, ob die genialen Ideen der großen Männer ausschließlich ihr eigenes Werk sind? Zweifellos sind sie stets Schöpfungen einzelner Geister, aber die unzähligen Körnchen, die den Boden für den Keim dieser Ideen bilden, hat nicht die Massenseele sie erzeugt?

Gewiss üben die Massen ihre Wirkungskraft stets unbewusst aus. Aber vielleicht ist gerade dies Unbewusste das Geheimnis ihrer Kraft. In der Natur gibt es Wesen, die nur aus Instinkt handeln und Taten vollbringen, deren wunderbare Mannigfaltigkeit wir anstaunen. Der Gebrauch der Vernunft ist für die Menschheit noch zu neu und zu unvollkommen, um die Gesetze des Unbewussten enthüllen zu können, und besonders, um es zu ersetzen. Der Anteil des Unbewussten an unseren Handlungen ist ungeheuer und der Anteil der Vernunft sehr klein. Das Unbewusste ist eine Wirkungskraft, die wir noch nicht erkennen können. Wollen wir uns also in den engen, aber sicheren Grenzen der wissenschaftlich erkennbaren Dinge halten und nicht auf dem Felde unbestimmter Vermutungen und nichtiger Voraussetzungen umherirren, so dürfen wir nur die Erscheinungen feststellen, die uns zugänglich sind, und müssen uns damit begnügen. Jede Folgerung, die wir aus unseren Beobachtungen ziehen, ist meistens voreilig; denn hinter den wahrgenommenen Erscheinungen gibt es solche, die wir undeutlich sehen, und hinter diesen wahrscheinlich noch andere, die wir überhaupt nicht erkennen.

*Le Bon*

---

*Vorwort leicht gekürzt. Le Bon verweist auf seine frühere Arbeit ›Psychologische Gesetze der Völkerentwicklung‹, was hier nicht relevant ist. (Anm. d. Redaktion)*

# EINLEITUNG: DAS ZEITALTER DER MASSEN

## ÜBERSICHT EINLEITUNG

Entwicklung des gegenwärtigen Zeitalters — Die großen Kulturwenden sind die Folge von Wandlungen im Denken der Völker — Der Glaube der Neuzeit an die Macht der Massen — Er verändert die hergebrachte Politik der Staaten — Wie sich das Emporkommen der Volksklassen vollzieht und wie sie ihre Macht ausüben — Die Syndikate — Notwendige Folgen der Macht der Massen — Sie können nur eine zerstörerische Rolle spielen — Durch sie vollendet sich die Auflösung der zu alt gewordenen Kulturen — Allgemeine Unkenntnis der Psychologie der Massen — Wichtigkeit des Studiums der Massen für Gesetzgeber und Staatsmänner

## ENTWICKLUNG DES GEGENWÄRTIGEN ZEITALTERS

Die großen Erschütterungen, welche den Kulturwenden vorangehen, scheinen auf den ersten Blick durch bedeutsame politische Veränderungen bestimmt zu sein: durch Völkerinvasion oder durch den Sturz von Herrscherhäusern. Eine aufmerksame Untersuchung dieser Ereignisse enthüllt jedoch hinter ihren scheinbaren Ursachen als wahre Ursache eine tief gehende Veränderung in den Anschauungen der Völker. Das sind nicht die wahren historischen Erschütterungen, die uns durch ihre Größe und Heftigkeit verwundern. Die einzigen Veränderungen von Bedeutung – die einzigen, aus welchen die Erneuerung der Kulturen hervorgeht – vollziehen sich innerhalb der Anschauungen, der Begriffe und des Glaubens. Die bemerkenswerten Ereignisse der Geschichte sind die sichtbaren Wirkungen der unsichtbaren Veränderungen des menschlichen Denkens. Wenn diese großen Ereignisse so selten sind, so hat das seinen Grund darin, dass es nichts Beständigeres in einer Rasse gibt als das Erbgut ihrer Gefühle.

Das gegenwärtige Zeitalter bildet einen jener kritischen Zeitpunkte, in denen das menschliche Denken im Begriff ist, sich zu wandeln.

Da die Ideen der Vergangenheit, obwohl halb zerstört, noch sehr mächtig, und die Ideen, die sie ersetzen sollen, erst in der

Bildung begriffen sind, so ist die Gegenwart eine Periode des Überganges und der Anarchie.

Was aus diesem notwendig etwas chaotischen Zeitraum einmal hervorgehen wird, ist im Augenblick nicht leicht zu sagen. Auf welchem Grundgedanken wird sich die künftige Gesellschaft aufbauen? Wir wissen es noch nicht. Schon jetzt aber kann man voraussehen, dass sie bei ihrer Organisation mit einer neuen Macht, der jüngsten Herrscherin der Gegenwart, zu rechnen haben wird: mit der Macht der Massen. Auf den Ruinen so vieler, einst für wahr gehaltener und jetzt toter Ideen, so vieler Mächte, die durch Revolutionen nach und nach gebrochen worden sind, hat diese Macht allein sich erhoben und scheint bald die anderen aufsaugen zu wollen. Während alle unsere alten Anschauungen schwanken und verschwinden und die alten Gesellschaftsstützen eine nach der anderen einstürzen, ist die Macht der Massen die einzige Kraft, die durch nichts bedroht wird und deren Ansehen immer mehr wächst. Das Zeitalter, in das wir eintreten, wird in Wahrheit das *Zeitalter der Massen* sein.

Vor kaum einem Jahrhundert bestanden die Haupttriebkräfte der Ereignisse in der überlieferten Politik der Staaten und dem Wettstreit der Fürsten. Die Meinung der Massen galt in den meisten Fällen gar nichts. Heute gelten die politischen Überlieferungen, die persönlichen Bestrebungen der Herrscher und deren Wettstreit nur noch wenig. Die Stimme des Volkes hat das Übergewicht erlangt. Sie schreibt den Königen ihr Verhalten vor. In der Seele der Massen, nicht mehr in den Fürstenberatungen bereiten sich die Schicksale der Völker vor.

Der Eintritt der Volksklassen in das politische Leben, ihre fortschreitende Umwandlung zu führenden Klassen, ist eines der hervorstechendsten Kennzeichen unserer Übergangszeit. Dieser Eintritt wird nicht durch das allgemeine Stimmrecht gekennzeichnet, das lange Zeit so wenig einflussreich und anfangs so leicht zu lenken war. Die Geburt der Macht der Masse entstand zuerst durch die Verbreitung gewisser Gedankengänge, die langsam von den Geistern Besitz ergriffen, sodann durch die allmähliche Vereinigung der Einzelnen zur Verwirklichung der bisher theoretischen Anschauungen. Die

Vereinigung ermöglichte es den Massen, sich, wenn auch nicht sehr richtige, so doch wenigstens ganz bestimmte Ideen von ihren Interessen zu bilden und das Bewusstsein ihrer Kraft zu erlangen. Sie gründen Syndikate, denen sich alle Machthaber unterwerfen, Arbeitsbörsen, die allen Wirtschaftsgesetzen zum Trotz die Bedingungen der Arbeit und des Lohnes zu regeln suchen. Sie entsenden in die Parlamente Abgeordnete, denen aller Unternehmungsgeist, alle Selbständigkeit fehlt, und die oft nur zu Wortführern der Ausschüsse, die sie gewählt hatten, herabgewürdigt werden.

Heute werden die Forderungen der Massen nach und nach immer deutlicher und laufen auf nichts Geringeres hinaus als auf den gänzlichen Umsturz der gegenwärtigen Gesellschaft, um sie jenem primitiven Kommunismus zuzuführen, der vor dem Beginn der Kultur der normale Zustand aller menschlichen Gemeinschaft war. Begrenzung der Arbeitszeit, Enteignung von Bergwerken, Eisenbahnen, Fabriken und Boden, gleiche Verteilung aller Produkte, Abschaffung aller oberen Klassen zugunsten der Volksklassen usw. – das sind ihre Forderungen.

Je weniger die Masse vernünftiger Überlegung fähig ist, um so mehr ist sie zur Tat geneigt. Die Organisation hat ihre Kraft ins Ungeheure gesteigert. Die Glaubenslehren, die wir auftauchen sehen, werden bald die Macht der alten Glaubenslehren besitzen, d. h. die tyrannische und herrische Kraft, welche sich aller Auseinandersetzung entzieht. Das göttliche Recht der Massen wird das göttliche Recht der Könige ersetzen.

Die Lieblingsschriftsteller der jetzigen Bourgeoisie, die am besten deren etwas beschränkte Ideen, ihre kurzsichtigen An-schauungen, ihren allgemein gehaltenen Skeptizismus und oft übermäßigen Egoismus schildern, geraten vor der neuen Macht, die sie heranwachsen sehen, völlig außer Fassung und richten, um die Verwirrung der Geister zu bekämpfen, einen verzwei-felten Appell an die sittlichen Kräfte der Kirche, die sie einst so gering schätzten. Sie sprechen vom Bankrott der Wissenschaft und erinnern uns an die Lehren der geoffenbarten Wahrheiten. Aber diese Neubekehrten vergessen, dass die Gnade, wenn sie sie wirklich berührte, doch nicht die gleiche Macht über jene Seelen hat, die sich wenig um das Jenseits kümmern. Die

Massen wollen heute die Götter nicht mehr, die ihre ehemaligen Herren gestern noch verleugneten und zerstören halfen. Die Flüsse fließen nicht zu ihren Quellen zurück.

Die Wissenschaft hat mitnichten Bankrott gemacht und hat nichts mit der gegenwärtigen Anarchie der Geister oder mit der neuen Macht zu tun, die in ihrem Schoße emporwächst. Sie hat uns die Wahrheit verheißen oder wenigstens die Erkenntnis der Zusammenhänge, die unserem Verstande zugänglich sind; sie hat uns niemals den Frieden und das Glück versprochen. In überlegener Gleichgültigkeit gegen unsere Gefühle hört sie unsere Klagen nicht, und nichts vermag uns die Täuschungen wiederzugeben, die sie vertrieb.

## DIE MASSEN ALS ZERSTÖRERINNEN DER KULTUR

Allgemeine Symptome, die bei allen Nationen erkennbar sind, zeigen uns das reißende Anwachsen der Macht der Massen. Was es auch bringen mag, wir werden es ertragen müssen. Alle Anschuldigungen sind nur nutzloses Gerede. Vielleicht bedeutet der Aufstieg der Massen eine der letzten Etappen der Kulturen des Abendlandes, die Rückkehr zu jenen Zeiten verworrener Anarchie, die stets dem Aufblühen einer neuen Gesellschaft voranzugehen scheinen. Aber wie wäre er zu verhindern?

Bisher bestand die Aufgabe der Massen offenbar in diesen großen Zerstörungen der alten Kulturen. Die Geschichte lehrt uns, dass in dem Augenblick, da die moralischen Kräfte, das Rüstzeug einer Gesellschaft, ihre Herrschaft verloren haben, die letzte Auflösung von jenen unbewussten und rohen Massen, welche recht gut als Barbaren gekennzeichnet werden, herbeigeführt wird. Bisher wurden die Kulturen von einer kleinen, intellektuellen Aristokratie geschaffen und geleitet, niemals von den Massen. Die Massen haben nur Kraft zur Zerstörung. Ihre Herrschaft bedeutet stets eine Stufe der Auflösung. Eine Kultur setzt feste Regeln, Zucht, den Übergang des Triebhaften zum Vernünftigen, die Vorausberechnung der Zukunft, überhaupt einen hohen Bildungsgrad voraus – Bedingungen, für welche die sich selbst überlassenen Massen völlig unzugänglich sind. Vermöge ihrer nur zerstörerischen Macht wirken sie gleich jenen Mikroben, welche die Auflösung geschwächter Körper oder Leichen beschleunigen. Ist das Gebäude einer Kultur morsch geworden, so führen die Massen seinen Zusammenbruch herbei. Jetzt tritt ihre Hauptaufgabe zutage. Plötzlich wird die blinde Macht der Masse für einen Augenblick zur einzigen Philosophie der Geschichte.

Wird es sich mit unserer Kultur ebenso verhalten? Es ist zu befürchten, aber wir wissen es noch nicht.

Wir müssen uns damit abfinden, die Herrschaft der Massen zu ertragen, da unvorsichtige Hände allmählich alle Schranken, die jene zurückhalten konnten, niedergerissen haben.

Wir kennen diese Massen, von denen man jetzt so viel spricht. Die theoretischen Psychologen, die nicht bodenständig sind, haben sie stets ignoriert und sich mit ihnen nur in Bezug auf die Verbrechen beschäftigt, zu denen sie fähig sind. Zweifellos gibt es verbrecherische Massen, aber es gibt auch tugendhafte, heroische und noch viele andersartige Massen. Die Massenverbrechen bilden lediglich einen Sonderfall ihres Seelenlebens und lassen ihre geistige Beschaffenheit nicht besser erkennen als die eines Einzelwesens, von dem man nur seine Laster kennt.

Doch offen gestanden: Alle Herren der Erde, alle Religions- und Reichsstifter, die Apostel aller Glaubensrichtungen, die hervorragenden Staatsmänner und, in einer bescheideneren Sphäre, die einfachen Häupter kleiner menschlicher Gemeinschaften waren stets unbewusste Psychologen mit einer instinktiven und oft sehr sicheren Kenntnis der Massenseele; weil sie diese gut kannten, wurden sie so leicht Machthaber. Napoleon erfasste wunderbar das Seelenleben der französischen Massen, aber er verkannte oft völlig die Massenseele fremder Rassen[2]. Diese Unkenntnis veranlasste ihn, namentlich in Spanien und Russland, Kriege zu führen, die seinen Sturz vorbereiteten.

---

↑ (2) Übrigens verstanden sich seine klügsten Ratgeber nicht besser darauf. Talleyrand schrieb ihm, Spanien würde seine Soldaten als Befreier empfangen. Es empfing sie wie Raubtiere. Ein mit den Erbinstinkten der Rasse vertrauter Psychologe hätte diesen Empfang leicht voraussehen können.

# DIE MASSEN UND DER STAATSMANN

Die Kenntnis der Psychologie der Massen ist heute das letzte Hilfsmittel für den Staatsmann, der diese nicht etwa beherrschen – das ist zu schwierig geworden –, aber wenigstens nicht allzusehr von ihnen beherrscht werden will.

Die Massenpsychologie zeigt, wie außerordentlich wenig Einfluss Gesetze und Institutionen auf die ursprüngliche Natur der Massen haben und wie unfähig diese sind, Meinungen zu haben außer jenen, die ihnen eingeflößt wurden. Regeln, welche auf rein begrifflichem Ermessen beruhen, vermögen sie nicht zu leiten. Nur die Eindrücke, die man in ihre Seele pflanzt, können sie verführen. Darf z. B. ein Gesetzgeber, der eine neue Steuer auflegen will, die theoretisch gerechteste wählen? Keinesfalls. Die ungerechteste kann praktisch für die Massen die beste sein, wenn sie am unauffälligsten und leichtesten in Erscheinung tritt. Auf diese Weise wird eine noch so hohe indirekte Steuer allezeit von der Masse angenommen werden. Wenn sie täglich pfennigweise für Konsumartikel entrichtet wird, stört sie die Gewohnheiten nicht und beeinflusst sie wenig. Man lege an ihrer Stelle eine proportionale, auf einmal zu entrichtende Steuer auf die Löhne oder anderen Einkommen, mag sie auch theoretisch zehnmal weniger hart sein als die andere, so wird sie heftigen Widerspruch erregen. An Stelle der täglichen Pfennige, die man nicht spürt, tritt nämlich eine verhältnismäßig hohe Geldsumme, die am Zahltag riesig groß erscheint und sehr nachdrücklich empfunden wird. Sie wäre nur dann unbemerkt verbraucht worden, wenn sie Pfennig für Pfennig zur Seite gelegt worden wäre; aber ein so wirtschaftliches Gebaren würde ein Maß von Voraussicht beweisen, dessen die Massen unfähig sind.

Dies Beispiel enthüllt sonnenklar ihre geistige Verfassung. Einem Psychologen wie Napoleon ist sie nicht entgangen, aber die Gesetzgeber, welche die Massenseele nicht beachten, würden sie nicht verstehen. Die Erfahrung hat ihnen noch nicht genügend bewiesen, dass die Menschen sich niemals von den Geboten der reinen Vernunft leiten lassen.

So ließe sich die Massenpsychologie noch auf vieles andere anwenden. Ihre Kenntnis wirft hellstes Licht auf zahlreiche historische und ökonomische Erscheinungen, die ohne sie völlig unverständlich bleiben.

Selbst wenn es lediglich das Interesse unserer Neugier befriedigte, verdiente das Studium der Massenpsychologie in Angriff genommen zu werden, denn es ist ebenso interessant, die Triebkräfte der menschlichen Handlungen zu enträtseln, wie die eines Minerals oder einer Pflanze.

Unser Studium der Massenseele wird nur einen kurzen Überblick, eine bloße Zusammenfassung unserer Untersuchungen bieten können. Man darf von ihr nicht mehr als einige anregende Gesichtspunkte verlangen. Andere werden das Gebiet besser bearbeiten[3]. Heute ist es noch jungfräulicher Boden, den wir beackern.

---

↑ (3) Die wenigen Autoren, die sich mit dem Studium der Psychologie der Massen abgeben, haben ihre Untersuchungen nur hinsichtlich der Verbrechen angestellt. Da ich diesem Stoffgebiet nur ein kurzes Kapitel gewidmet habe, so verweise ich den Leser auf die Arbeiten von Tarde und die Schrift von Sighele: ›Die verbrecherische Masse‹. Die letztere Arbeit enthält keinen einzigen neuen Gedanken des Autors, gibt aber eine Zusammenstellung von Tatsachen, die der Psychologe verwerten kann. Übrigens sind meine Schlussfolgerungen betreffs der Kriminalität und Moralität der Massen denen der beiden Autoren, die ich nannte, ganz entgegengesetzt.

Man wird in meinen verschiedenen Arbeiten, besonders in meiner Schrift ›Die Psychologie des Sozialismus‹ einige Ergebnisse aus den Gesetzen finden, welche die Massenpsychologie beherrschen. Diese Gesetze lassen sich außerdem auf den verschiedensten Gebieten anwenden. Der Direktor des Königl. Konservatoriums in Brüssel, A. Gevaert, hat von den Gesetzen, die ich in einer Abhandlung über Musik darlegte, welche er treffend als ›Massenkunst‹ bezeichnete, eine bemerkenswerte Anwendung gemacht. »Ihre beiden Schriften«, schrieb mir dieser ausgezeichnete Lehrer bei Übersendung seiner Abhandlung, »haben mir die Lösung eines von mir früher als unlöslich betrachteten Problems gebracht: die erstaunliche Eignung jeder Masse, ein neues oder altes, ein einheimisches oder fremdes, ein einfaches oder zusammengesetztes Tonstück zu empfinden, vorausgesetzt, dass es schön gespielt wird, und dass die Musiker einen begeisterten Dirigenten haben.« Herr Gevaert zeigt vortrefflich, warum ein Werk, welches ausgezeichneten Musikern bei Durchsicht der Partitur in der Einsamkeit ihres Zimmers unverständlich blieb, oft von einem jeder technischen Bildung ermangelnden Auditorium ohne weiteres erfasst wird«. Ebenso ausgezeichnet erklärt er, weshalb diese ästhetischen Eindrücke keinerlei Spuren hinterlassen.

# ERSTES BUCH: DIE MASSENSEELE
## ÜBERSICHT ERSTES BUCH

### 1. Kapitel: Allgemeine Kennzeichen der Massen – Das psychologische Gesetz von ihrer seelischen Einheit

Was kennzeichnet eine Masse vom psychologischen Gesichtspunkt — Eine zahlenmäßige Menge von Einzelnen bildet noch keine Masse — Besondere Eigentümlichkeiten der psychologischen Massen — Unveränderliche Richtung der Gedanken und Gefühle der Einzelnen, die sie bilden, und Auslöschung ihrer Persönlichkeit — Die Masse wird stets vom Unbewussten beherrscht — Zurücktreten des Gehirnlebens und Vorherrschen des Rückenmarkslebens — Verminderung des Verstandes und völlige Umwandlung der Gefühle — Die veränderten Gefühle können besser oder schlechter sein als die der Einzelnen, aus denen die Menge besteht — Die Masse wird ebenso leicht heldenhaft wie verbrecherisch

### 2. Kapitel: Gefühle und Sittlichkeit der Massen

§ 1. *Triebhaftigkeit, Beweglichkeit und Erregbarkeit der Massen* — Die Masse ist der Spielball aller äußeren Reize, deren unaufhörliche Schwankungen sie widerspiegelt — Die Antriebe, denen sie gehorchen, sind so gebieterisch, dass der persönliche Vorteil zurücktritt — Bei den Massen ist nichts vorbedacht — Wirkungskraft der Rasse

§ 2. *Beeinflussbarkeit und Leichtgläubigkeit der Massen* — Ihre Empfänglichkeit für Beeinflussungen — Die in ihrem Gemüt hervorgerufenen Bilder werden für Wirklichkeit gehalten — Warum diese Bilder für alle Einzelnen, aus denen eine Masse besteht, gleichartig sind — Angleichung der Gelehrten und des Einfältigen in einer Masse — Verschiedene Beispiele von Täuschungen, denen alle Mitglieder in einer Masse unterliegen — Unmöglichkeit, der Zeugenschaft der Massen irgendwelchen Glauben beizumessen — Die Einmütigkeit zahlreicher Zeugen ist einer der schlechtesten Beweise, den man zur Erhärtung einer Tatsache beibringen kann — Geringer Wert der Geschichtswerke

§ 3. *Überschwang und Einseitigkeit der Massengefühle* — Die Massen kennen weder Zweifel noch Ungewissheit und ergehen sich stets in Übertreibungen — Ihre Gefühle sind stets überschwänglich

*§ 4. Unduldsamkeit, Herrschsucht und Konservatismus der Massen —* Ursachen dieser Gefühle — Unterwürfigkeit der Massen vor einer starken Macht — Die augenblicklichen revolutionären Triebe der Massen hindern sie nicht, höchst rückständig zu sein — Sie sind instinktiv Feinde von Veränderung und Fortschritt

*§ 5. Sittlichkeit der Massen —* Die Sittlichkeit der Massen kann je nach den Einflüssen viel niedriger oder viel höher sein, als die der Einzelnen, die sie bilden — Die Massen werden selten durch den Eigennutz geleitet, der meist den einzigen Antrieb für den Einzelnen bildet — Versittlichende Wirkung der Massen

### 3. Kapitel: Ideen, Urteile und Einbildungskraft der Massen

*§ 1. Die Ideen der Massen —* Grundlegende und nebensächliche Ideen — Wie entgegengesetzte Vorstellungen gleichzeitig bestehen können — Wandlungen, die die höheren Ideen durchmachen müssen, um für die Massen annehmbar zu werden — Die soziale Bedeutung der Vorstellungen ist unabhängig von dem Wahrheitsgehalt, den sie in sich tragen können.

*§ 2. Die Urteile der Massen —* Die Massen sind nicht durch Beweisgründe zu beeinflussen — Die Urteile der Massen sind stets sehr niedriger Art — Die Vorstellungen, die sie assoziieren, haben nur den Schein von Analogie und Folgerichtigkeit

*§ 3. Die Einbildungskraft der Massen —* Macht der Massenphantasie — Sie denken in Bildern, die ohne Verbindung aufeinander folgen — Die Masse nimmt besonders die wunderbare Seite der Dinge gefangen — Das Wunderbare und das Sagenhafte sind die wahren Träger der Kulturen — Die Volksphantasie war stets der Stützpunkt der Macht aller Staatsmänner — Auf welche Weise die Tatsachen auf die Einbildungskraft der Massen Eindruck machen können

### 4. Kapitel: Die religiösen Formen, die alle Überzeugungen der Masse annehmen

Wodurch das religiöse Gefühl gebildet wird — Es ist unabhängig von der Anbetung einer Gottheit — Seine Merkmale — Macht der Überzeugungen, die religiöse Formen angenommen haben — Verschiedene Beispiele — Die Volksgötter sind nie ganz verschwunden — Neue Formen ihrer Wiedergeburt — Religiöse Formen des Atheismus — Bedeutung dieser Begriffe in historischer Hinsicht — Die Reformation, die Bartholomäusnacht, die Schreckenstage und alle ähnlichen Ereignisse sind die Folgen der religiösen Gefühle der Massen und nicht des Willens einzelner Persönlichkeiten

# 1. KAPITEL: ALLGEMEINE KENNZEICHEN DER MASSEN. DAS PSYCHOLOGISCHE GESETZ VON IHRER SEELISCHEN EINHEIT

## WAS IST EINE MASSE?

IM GEWÖHNLICHEN WORTSINN bedeutet Masse eine Vereinigung irgendwelcher Einzelner von beliebiger Nationalität, beliebigem Beruf und Geschlecht und beliebigem Anlass der Vereinigung.

Vom psychologischen Gesichtspunkt bedeutet der Ausdruck ›Masse‹ etwas ganz anderes. Unter bestimmten Umständen, und nur unter diesen Umständen, besitzt eine Versammlung von Menschen neue, von den Eigenschaften der Einzelnen, die diese Gesellschaft bilden, ganz verschiedene Eigentümlichkeiten. Die individuelle Persönlichkeit schwindet, die Gefühle und Gedanken aller Einzelnen sind nach derselben Richtung orientiert. Es bildet sich eine Gemeinschaftsseele, die wohl veränderlich, aber von ganz bestimmter Art ist. Die Gesamtheit ist nun das geworden, was ich mangels eines besseren Ausdrucks als organisierte Masse oder, wenn man lieber will, als psychologische Masse bezeichnen werde. Sie bildet ein einziges Wesen und unterliegt dem *Gesetz der seelischen Einheit der Massen* (loi de l'unité mentale des foules). Die Tatsache, dass viele Individuen sich zufällig zusammenfinden, verleiht ihnen noch nicht die Eigenschaften einer organisierten Masse. Tausend zufällig auf einem öffentlichen Platz, ohne einen bestimmten Zweck versammelte Einzelne bilden keineswegs eine Masse im psychologischen Sinne. Damit sie die besonderen Wesenszüge der Masse annehmen, bedarf es des Einflusses gewisser Reize, deren Wesensart wir zu bestimmen haben.

Das Schwinden der bewussten Persönlichkeit und die Orientierung der Gefühle und Gedanken nach einer bestimmten Richtung, die ersten Vorstöße der Masse auf dem Weg, sich zu organisieren, erfordern nicht immer die gleichzeitige Anwesenheit mehrerer Einzelner an einem einzigen Ort. Tausende von getrennten Einzelnen können im gegebenen Augenblick unter dem Einfluss gewisser heftiger Gemütsbewegungen, etwa eines großen nationalen Ereignisses, die Kennzeichen einer psychologischen Masse annehmen. Irgendein Zufall, der sie vereinigt, genügt dann, dass ihre Handlungen sogleich die besondere Form der Massenhandlungen annehmen. In gewissen historischen Augenblicken kann ein halbes Dutzend Menschen eine psychologische Masse ausmachen, während hunderte zufällig vereinigte Menschen sie nicht bilden können. Andererseits kann bisweilen ein ganzes Volk ohne sichtbare Zusammenscharung unter dem Druck gewisser Einflüsse zur Masse werden.

Hat sich eine psychologische Masse gebildet, so erwirbt sie vorläufige, aber bestimmbare allgemeine Merkmale. Diesen allgemeinen Merkmalen gesellen sich besondere Kennzeichen veränderlicher Art hinzu, je nach den Elementen, aus denen die Masse sich zusammensetzt und durch die ihre geistige Struktur zu verändern ist.

Die psychologischen Massen lassen sich also einteilen. Das Studium dieser Einteilung wird uns zeigen, dass eine heterogene, d. h. aus ungleichartigen Elementen zusammengesetzte Masse mit homogenen, d. h. aus mehr oder minder ähnlichen Elementen zusammengesetzten Massen (Sekten, Kasten, Klassen) allgemeine Kennzeichen gemein hat und außerdem noch Besonderheiten aufweist, durch die sie sich voneinander unterscheiden lassen.

Bevor wir uns aber mit den verschiedenen Arten der Masse befassen, müssen wir zuerst die allgemeinen Kennzeichen untersuchen. Wir werden gleich dem Naturforscher vorgehen, der mit der Beschreibung der allgemeinen Merkmale der Mitglieder einer Familie beginnt, bevor er sich mit den besonderen Merkmalen befasst, welche die Unterscheidung der Gattungen und Arten dieser Familie ermöglichen.

# Gesetz von der seelischen Einheit der Massen

Die genaue Schilderung der Massenseele ist nicht leicht, weil ihre Organisation nicht bloß nach Rasse und Zusammensetzung der Gesamtheit, sondern auch nach der Natur und dem Grade der Anreize schwankt, denen diese Gesamtheit unterliegt. Aber dieselbe Schwierigkeit besteht für das psychologische Studium jedes beliebigen Wesens. Nur in Romanen, aber nicht im wirklichen Leben, haben die Einzelnen einen beständigen Charakter aufzuweisen. Allein die Gleichförmigkeit der Umgebung schafft die sichtbare Gleichartigkeit der Charaktere. Ich habe anderwärts gezeigt, dass alle geistigen Beschaffenheiten Charaktermöglichkeiten enthalten, die sich unter dem Einfluss eines jähen Umgebungswechsels offenbaren können. So befanden sich unter den wildesten, grausamsten Konventmitgliedern gutmütige Bürger, die unter normalen Verhältnissen friedliche Notare oder ehrsame Beamte geworden wären. Als der Sturm vorüber war, nahmen sie ihren Normalcharakter als friedliche Bürger wieder an. Unter ihnen fand Napoleon seine willigsten Diener.

Da wir hier nicht alle Stufen der Massenbildung studieren können, werden wir sie besonders in dem Zustand ihrer vollendeten Organisation ins Auge fassen. Wir werden auf diese Weise sehen, was sie werden können, aber nicht, was sie immer sind. Allein in diesem fortgeschrittenen Organisationszustand bauen sich auf dem unveränderlichen und vorherrschenden Rassenuntergrunde gewisse neue und besondere Merkmale auf, und es vollzieht sich die Wendung aller Gefühle und Gedanken der Gesamtheit nach einer übereinstimmenden Richtung. So allein offenbart sich, was ich oben das psychologische Gesetz der seelischen Einheit der Massen genannt habe.

Verschiedene psychische Kennzeichen der Massen haben sie gemein mit alleinstehenden Individuen, während andere im Gegenteil nur bei Gesamtheiten anzutreffen sind. Wir wollen zunächst die besonderen Merkmale studieren, um ihre Bedeutung recht aufzuzeigen.

Das Überraschendste an einer psychologischen Masse ist: Welcher Art auch die Einzelnen sein mögen, die sie bilden, wie ähnlich oder unähnlich ihre Lebensweise, Beschäftigungen, ihr Charakter oder ihre Intelligenz ist, durch den bloßen Umstand ihrer Umformung zu Masse besitzen sie eine Art Gemeinschaftsseele, vermöge deren sie in ganz anderer Weise fühlen, denken und handeln, als jedes von ihnen für sich fühlen, denken und handeln würde. Es gibt gewisse Ideen und Gefühle, die nur bei den zu Massen verbundenen Einzelnen auftreten oder sich in Handlungen umsetzen. Die psychologische Masse ist ein unbestimmtes Wesen, das aus ungleichartigen Bestandteilen besteht, die sich für einen Augenblick miteinander verbunden haben, genau so wie die Zellen des Organismus durch ihre Vereinigung ein neues Wesen mit ganz anderen Eigenschaften als denen der einzelnen Zellen bilden.

In Widerspruch zu einer Anschauung, die sich befremdlicherweise bei einem so scharfsinnigen Philosophen wie Herbert Spencer findet, gibt es in dem Haufen, der eine Masse bildet, keineswegs eine Summe und einen Durchschnitt der Bestandteile, sondern Zusammenfassung und Bildung neuer Bestandteile, genau so wie in der Chemie sich bestimmte Elemente, wie z. B. die Basen und Säuren, bei ihrem Zustandekommen zur Bildung eines neuen Körpers verbinden, dessen Eigenschaften von denen der Körper, die an seinem Zustandekommen beteiligt waren, völlig verschieden sind.

## DIE MASSE VOM UNBEWUSSTEN BEHERRSCHT

Es ist leicht festzustellen, inwieweit sich der Einzelne in einer Masse vom individuellen Einzelnen unterscheidet, weniger leicht aber ist die Aufdeckung der Ursachen dieser Verschiedenheit.

Um diesen Ursachen wenigstens einigermaßen näher zu kommen, muss man sich zunächst an die Feststellung der modernen Psychologie erinnern, dass nicht nur im organischen Leben, sondern auch in den Vorgängen des Verstandes die unbewussten Erscheinungen eine ausschlaggebende Rolle spielen. Das bewusste Geistesleben bildet nur einen sehr geringen Teil im Vergleich zum unbewussten Seelenleben. Der geschickteste Analytiker, der schärfste Beobachter kann nur eine sehr kleine Anzahl bewusster Triebfedern, die ihn führen, entdecken. Unsere bewussten Handlungen entspringen einer unbewussten Grundlage, die namentlich durch Vererbungseinflüsse geschaffen wird. Diese Grundlage enthält die zahllosen Ahnenspuren, aus denen sich die Rassenseele aufbaut. Hinter den eingestandenen Ursachen unserer Handlungen gibt es zweifellos geheime Gründe, die wir nicht eingestehen; hinter diesen aber liegen noch geheimere, die wir nicht einmal kennen. Die Mehrzahl unserer täglichen Handlungen ist nur die Wirkung verborgener Triebkräfte, die sich unserer Kenntnis entziehen.

Durch die unbewussten Bestandteile, die der Rassenseele zugrunde liegen, ähneln sich alle Einzelnen dieser Rasse, durch ihre bewussten Anlagen dagegen – Früchte der Erziehung, vor allem aber einer besonderen Erblichkeit – unterscheiden sie sich voneinander. Menschen von verschiedenartigster Intelligenz haben äußerst ähnliche Triebe, Leidenschaften und Gefühle. In allem, was Gegenstand des Gefühls ist: Religion, Politik, Moral, Sympathien und Antipathien usw. überragen die ausgezeichnetsten Menschen nur selten das Niveau der gewöhnlichen Einzelnen. Zwischen einem großen Mathematiker und seinem Schuster kann verstandesmäßig ein Abgrund klaffen, aber hinsichtlich des Charakters ist der Unterschied oft nichtig oder sehr gering.

Eben diese allgemeinen Charaktereigenschaften, die vom Unbewussten beherrscht werden und der Mehrzahl der normalen Angehörigen einer Rasse ziemlich gleichmäßig eigen sind, werden in den Massen vergemeinschaftlicht. In der Gemeinschaftsseele verwischen sich die Verstandesfähigkeiten und damit auch die Persönlichkeit der Einzelnen. Das Ungleichartige versinkt im Gleichartigen, und die unbewussten Eigenschaften überwiegen.

Eben diese Vergemeinschaftlichung der gewöhnlichen Eigenschaften erklärt uns, warum die Massen niemals Handlungen ausführen können, die eine besondere Intelligenz beanspruchen. Die Entscheidungen von allgemeinem Interesse, die von einer Versammlung hervorragender, aber verschiedenartiger Leute getroffen werden, sind jenen, welche eine Versammlung von Dummköpfen treffen würde, nicht merklich überlegen. Sie können in der Tat nur die mittelmäßigen Allerweltseigenschaften vergemeinschaftlichen. Die Masse nimmt nicht den Geist, sondern nur die Mittelmäßigkeit in sich auf. Es hat nicht, wie man so oft wiederholt, die »ganze Welt mehr Geist als Voltaire«, sondern Voltaire hat zweifellos mehr Geist als die »ganze Welt«, wenn man unter dieser die Massen versteht.

Beschränkten sich aber die Individuen der Masse auf Verschmelzung ihrer allgemeinen Eigenschaften, so ergäbe sich daraus nur ein Durchschnitt, aber nicht, wie wir sagten, eine Schöpfung neuer Eigentümlichkeiten. Wie bilden sich diese neuen Eigentümlichkeiten? Das haben wir jetzt zu untersuchen.

## Umwandlung der Gefühle des Einzelnen

Das Auftreten besonderer Charaktereigentümlichkeiten der Masse wird durch verschiedene Ursachen bestimmt. Die erste dieser Ursachen besteht darin, dass der Einzelne in der Masse schon durch die Tatsache der Menge ein Gefühl unüberwindlicher Macht erlangt, welches ihm gestattet, Trieben zu frönen, die er für sich allein notwendig gezügelt hätte. Er wird ihnen um so eher nachgeben, als durch die Namenlosigkeit und demnach auch Unverantwortlichkeit der Masse das Verantwortungsgefühl, das den Einzelnen stets zurückhält, völlig verschwindet.

Eine zweite Ursache, die geistige Übertragung (contagion mentale), bewirkt gleichfalls das Erscheinen der besonderen Wesenszüge der Masse und zugleich ihre Richtung. Die Übertragung ist leicht festzustellen, aber noch nicht zu erklären; man muss sie den Erscheinungen hypnotischer Art zuordnen, mit denen wir uns sogleich beschäftigen werden. In der Masse ist jedes Gefühl, jede Handlung übertragbar, und zwar in so hohem Grade, dass der Einzelne sehr leicht seine persönlichen Wünsche den Gesamtwünschen opfert. Diese Fähigkeit ist seiner eigentlichen Natur durchaus entgegengesetzt, und nur als Bestandteil einer Masse ist der Mensch dazu fähig.

Noch eine dritte, und zwar die wichtigste Ursache, ruft in den zur Masse vereinigten Einzelnen besondere Eigenschaften hervor, welche denen der alleinstehenden Einzelnen völlig widersprechen: ich rede von der Beeinflussbarkeit (suggestibilité), von der die oben erwähnte geistige Übertragung übrigens nur eine Wirkung ist.

Um diese Erscheinung zu verstehen, müssen wir uns gewisse neue Entdeckungen der Physiologie vergegenwärtigen. Wir wissen heute, dass ein Mensch in einen Zustand versetzt werden kann, der ihn seiner bewussten Persönlichkeit beraubt und ihn allen Einflüssen des Hypnotiseurs, der ihm sein Bewusstsein genommen hat, gehorchen und Handlungen begehen lässt, die zu seinem Charakter und seinen Gewohnheiten in schärfstem Gegensatz stehen. Sorgfältige Beobachtungen scheinen nun zu beweisen, dass ein Einzelner, der lange Zeit im Schoße einer wirkenden Masse eingebettet war, sich alsbald – durch Effekte, die von ihr ausgehen, oder sonst eine noch unbekannte Ursache – in einem besonderen Zustand befindet, der sich sehr der Verzauberung nähert, die den Hypnotisierten unter dem Einfluss des Hypnotiseurs überkommt. Da das Verstandesleben des Hypnotisierten lahmgelegt ist, wird er der Sklave seiner unbewussten Kräfte, die der Hypnotiseur nach seinem Belieben lenkt. Die bewusste Persönlichkeit ist völlig ausgelöscht, Wille und Unterscheidungsvermögen fehlen, alle Gefühle und Gedanken sind in die Sinne verlegt, die durch den Hypnotiseur beeinflusst werden.

Ungefähr in diesem Zustand befindet sich der Einzelne als Glied einer Masse. Er ist sich seiner Handlungen nicht mehr bewusst. Während bei ihm, wie beim Hypnotisierten, gewisse Fähigkeiten aufgehoben sind, können andere auf einen Zustand höchster Überspannung getrieben werden. Unter dem Einfluss einer Suggestion wird er sich mit unwiderstehlichem Ungestüm auf gewisse Taten werfen. Und dies Ungestüm ist in den Massen noch unwiderstehlicher als bei den Hypnotisierten, weil die für alle Einzelnen gleiche Suggestion durch Gegenseitigkeit wächst. Die Einzelnen in einer Masse, die eine hinreichend starke Persönlichkeit haben, um dem Einfluss zu widerstehen, sind in zu geringer Anzahl vorhanden, und der Strom reißt sie mit. Höchstens können sie vermittels eines anderen Einflusses eine Ablenkung erreichen. Ein glücklicher Ausdruck, ein im rechten Augenblick angewandter bildlicher Vergleich hat oft die Massen von den blutigsten Taten abgehalten.

Die Hauptmerkmale des Einzelnen in der Masse sind also: Schwinden der bewussten Persönlichkeit, Vorherrschaft des unbewussten Wesens, Leitung der Gedanken und Gefühle durch Beeinflussung und Übertragung in der gleichen Richtung, Neigung zur unverzüglichen Verwirklichung der eingeflößten Ideen. Der Einzelne ist nicht mehr er selbst, er ist ein Automat geworden, dessen Betrieb sein Wille nicht mehr in der Gewalt hat.

Allein durch die Tatsache, Glied einer Masse zu sein, steigt der Mensch also mehrere Stufen von der Leiter der Kultur hinab. Als Einzelner war er vielleicht ein gebildetes Individuum, in der Masse ist er ein Triebwesen, also ein Barbar. Er hat die Unberechenbarkeit, die Heftigkeit, die Wildheit, aber auch die Begeisterung und den Heldenmut ursprünglicher Wesen, denen er auch durch die Leichtigkeit ähnelt, mit der er sich von Worten und Vorstellungen beeinflussen und zu Handlungen verführen lässt, die seine augenscheinlichsten Interessen verletzen. In der Masse gleicht der Einzelne einem Sandkorn in einem Haufen anderer Sandkörner, das der Wind nach Belieben empor wirbelt.

Aus diesem Grunde sprechen Schwurgerichte Urteile aus, die jeder Geschworene als Einzelner missbilligen würde, Parlamente nehmen Gesetze und Vorlagen an, die jedes Mitglied einzeln ablehnen würde. Einzeln genommen waren die Männer des französischen Nationalkonvents aufgeklärte Bürger mit friedlichen Gewohnheiten. Zur Masse vereinigt zauderten sie nicht, unter dem Einfluss einiger Führer die offenbar unschuldigsten Menschen aufs Schafott zu schicken, brachen unter Außerachtlassung ihres eigenen Vorteils deren Unverletzlichkeit und verringerten ihre Schar.

Nicht nur in seinen Handlungen weicht das Glied der Masse von seinem normalen Ich ab. Schon bevor es jede Unabhängigkeit einbüßte, haben sich seine Gedanken und Gefühle umgeformt, und zwar so, dass der Geizige zum Verschwender, der Zweifler zum Gläubigen, der Ehrenmann zum Verbrecher, der Hasenfuß zum Helden wird. Der Verzicht auf alle seine verbrieften Vorrechte, den der Adel in einem Augenblick der Begeisterung in der berühmten Nacht vom 4. August 1789 leistete, wäre sicherlich von seinen Mitgliedern als Einzelnen niemals angenommen worden.

Aus den vorstehenden Beobachtungen ist zu schließen, dass die Masse dem alleinstehenden Menschen intellektuell stets untergeordnet ist. Hinsichtlich der Gefühle aber und der durch sie bewirkten Handlungen kann sie unter Umständen besser oder schlechter sein. Es hängt alles von der Art des Einflusses ab, unter dem die Masse steht. Das haben die Schriftsteller, die die Masse nur vom kriminellen Gesichtspunkt studiert haben, vollständig verkannt. Gewiss ist die Masse oft verbrecherisch, oft aber auch heldenhaft. Man bringt sie leicht dazu, sich für den Triumph eines Glaubens oder einer Idee in den Tod schicken zu lassen, begeistert sie für Ruhm und Ehre, dass sie sich, wie im Zeitalter der Kreuzzüge, fast ohne Brot und Wasser zur Befreiung des göttlichen Grabes von den Ungläubigen, oder wie im Jahre 1793 zur Verteidigung des vaterländischen Bodens fortreißen lässt. Gewiss ein unbewusstes Heldentum, aber durch solche Heldentaten vollzieht sich Geschichte. Wollte man nur die mit kalter Überlegung ausgeführten Großtaten auf das Aktivkonto der Völker schreiben, so würden in den Weltannalen nur wenige verzeichnet sein.

# 2. KAPITEL: GEFÜHLE UND SITTLICHKEIT DER MASSEN

NACH DIESEM ALLGEMEINEN HINWEIS auf die Hauptkennzeichen der Massen kommen wir nun zur Untersuchung der Einzelheiten.

Verschiedene besondere Eigenschaften der Massen, wie Triebhaftigkeit (impulsivité), Reizbarkeit (irritabilité), Unfähigkeit zum logischen Denken, Mangel an Urteil und kritischem Geist, Überschwang der Gefühle (exagération des sentiments) und noch andere sind bei Wesen einer niedrigeren Entwicklungsstufe, wie beim Wilden und beim Kinde, ebenfalls zu beobachten. Ich streife diese Übereinstimmung nur im Vorübergehen, denn ihre Ausführung würde über den Rahmen dieser Arbeit hinausgehen. Sie wäre unnötig für alle mit der Psychologie der Primitiven Vertrauten und für jene, die nichts von ihr wissen, ohne rechte Überzeugungskraft.

Ich gehe nun die verschiedenen Merkmale, die sich bei der Mehrzahl der Massen beobachten lassen, der Reihe nach durch.

## § 1. TRIEBHAFTIGKEIT, BEWEGLICHKEIT UND ERREGBARKEIT DER MASSEN

Bei der Untersuchung ihrer grundlegenden Charakterzüge sagten wir, dass die Masse beinahe ausschließlich vom Unbewussten geleitet wird. Ihre Handlungen stehen viel öfter unter dem Einfluss des Rückenmarks als unter dem des Gehirns. Die vollzogenen Handlungen können ihrer Ausführung nach vollkommen sein, da sie aber nicht vom Gehirn ausgehen, so handelt der Einzelne nach zufälligen Reizen. Die Masse ist der Spielball aller äußeren Reize, deren unaufhörlichen Wechsel sie widerspiegelt. Sie ist also die Sklavin der empfangenen Anregungen. Der alleinstehende Einzelne kann ja denselben Reizen unterliegen wie die Masse, da ihm aber sein Gehirn die unangenehmen Folgen des Nachgebens zeigt, so gehorcht er ihnen nicht. Physiologisch lässt es sich so erklären, dass der alleinstehende Einzelne die Fähigkeit zur Beherrschung seiner Empfindungen hat, die Masse aber nicht dazu imstande ist.

Die mannigfachen Triebe, denen die Massen gehorchen, können je nach dem Anreiz edel oder grausam, heldenhaft oder feige sein, stets aber sind sie so unabweisbar, dass der Selbsterhaltungstrieb vor ihnen zurücktritt.

Da die Reize, die auf eine Masse wirken, sehr wechseln und die Massen ihnen immer gehorchen, so sind sie natürlich äußerst wandelbar. Daher sehen wir sie auch in demselben Augenblick von der blutigsten Grausamkeit zum unbedingtesten Heldentum oder Edelmut übergehen. Die Masse wird leicht zum Henker, ebenso leicht aber auch zum Märtyrer. Aus ihrem Herzen flossen die Ströme von Blut, die für den Triumph jedes Glaubens notwendig sind. Man braucht nicht zu den Zeitaltern der Helden zurückzugehen, um zu erkennen, wozu die Massen fähig sind. Nie bangten sie bei einem Aufstand um ihr Leben, und erst vor wenigen Jahren hätte ein General, der plötzlich volkstümlich geworden war, wenn er es verlangt hätte, leicht hunderttausend Menschen gefunden, bereit, sich für seine Sache töten zu lassen.

Nichts ist also bei den Massen vorbedacht. Sie können unter dem Einfluss von Augenblicksreizen die ganze Folge der entgegengesetzten Gefühle durchlaufen. Sie gleichen den Blättern, die der Sturm aufwirbelt, nach allen Richtungen verstreut und wieder fallen lässt. Die Betrachtung gewisser revolutionärer Massen wird uns einige Beispiele für die Veränderlichkeit ihrer Gefühle geben.

Diese Veränderlichkeit macht sie schwer regierbar, besonders wenn ein Teil der öffentlichen Gewalt in ihre Hände gefallen ist. »Würden die Notwendigkeiten des Alltagslebens nicht eine Art unsichtbarer Regelung der Ereignisse herausbilden, so könnten die Demokratien nicht bestehen. Wenn auch die Massen die Dinge leidenschaftlich begehren, so wollen sie sie doch nicht für lange Zeit. Sie sind ebenso unfähig zu ausdauerndem Wollen wie zum Denken.

Die Masse ist nicht nur triebhaft und wandelbar. Gleich dem Wilden lässt sie nicht zu, dass sich zwischen ihre Begierde und die Verwirklichung dieser Begierde ein Hindernis erhebt, um so weniger, als ihre Überzahl ihr das Gefühl unwiderstehlicher Macht gewährt. Für den Einzelnen in der Masse schwindet der

Begriff des Unmöglichen. Der alleinstehende Einzelne ist sich klar darüber, dass er allein keinen Palast einäschern, keinen Laden plündern könnte, und die Versuchung dazu kommt ihm kaum in den Sinn. Als Glied einer Masse aber übernimmt er das Machtbewusstsein, das ihm die Menge verleiht, und wird der ersten Anregung zu Mord und Plünderung augenblicklich nachgeben. Ein unerwartetes Hindernis wird wütend zertrümmert. Wenn der menschliche Organismus dauernde Wut zuließe, so könnte man die Wut als den normalen Zustand der gehemmten Masse bezeichnen.

Die Erregbarkeit, Triebhaftigkeit und Veränderlichkeit der Massen sowie das gesamte Empfinden des Volkes, das wir zu untersuchen haben, werden stets durch die grundlegenden Rasseeigenschaften abgewandelt. Sie bilden den festen Boden, in dem alle unsere Gefühle wurzeln. Ohne Zweifel sind die Massen reizbar und triebhaft, aber in den mannigfachsten Abstufungen. Der Unterschied zwischen einer lateinischen und einer angelsächsischen Masse z. B. ist auffallend. Die jüngsten Ereignisse unserer Geschichte geben ein sprechendes Bild davon. Im Jahre 1870 hat die Veröffentlichung eines einfachen Telegramms mit dem Bericht über eine angeblich einem Botschafter zugefügte Beleidigung genügt, einen Wutausbruch zu entfachen, der zur unmittelbaren Ursache eines furchtbaren Krieges wurde. Einige Jahre später erzeugte die telegraphische Anzeige einer unbedeutenden Schlappe bei Langson einen neuen Ausbruch, der den sofortigen Sturz der Regierung herbeiführte. Zu gleicher Zeit erregte die viel schwerere Niederlage einer englischen Expedition bei Khartum nur eine sehr schwache Bewegung in England, und kein Ministerium fiel. Überall sind die Massen weibisch, die weibischsten aber sind die lateinischen Massen. Wer sich auf sie stützt, kann sehr hoch und sehr schnell steigen, aber stets in der Nähe des tarpejischen Felsens und mit der Gewissheit, eines Tages hinuntergestürzt zu werden.

# § 2. Beeinflussbarkeit und Leichtgläubigkeit der Massen

Als einen der allgemeinen Charakterzüge bezeichneten wir die übermäßige Beeinflussbarkeit und wiesen nach, wie ansteckend eine Beeinflussung in jeder Menschenansammlung ist; woraus sich die blitzschnelle Gerichtetheit der Gefühle in einem bestimmten Sinne erklärt. So parteilos man sich die Masse auch vorstellt, so befindet sie sich doch meistens in einem Zustand gespannter Erwartung, der die Beeinflussung begünstigt.

Die erste klar zum Ausdruck gebrachte Beeinflussung teilt sich durch Übertragung augenblicklich allen Gehirnen mit und gibt sogleich die Gefühlsrichtung an. Bei allen Beeinflussten drängt die fixe Idee danach, sich in eine Tat umzuformen. Ob es sich darum handelt, einen Palast in Brand zu stecken oder sich zu opfern, die Masse ist mit der gleichen Leichtigkeit dazu bereit. Alles hängt von der Art des Anreizes ab, nicht mehr, wie beim alleinstehenden Einzelnen, von den Beziehungen zwischen der eingegebenen Tat und dem Maß der Vernunft, das sich ihrer Verwirklichung widersetzen kann. So muss die Masse, die stets an den Grenzen des Unbewussten umherirrt, allen Einflüssen unterworfen ist, von der Heftigkeit ihrer Gefühle erregt wird, welche allen Wesen eigen ist, die sich nicht auf die Vernunft berufen können, alles kritischen Geistes bar, von einer übermäßigen Leichtgläubigkeit sein. Nichts erscheint ihr unwahrscheinlich, und das darf man nicht vergessen, wenn man begreifen will, wie leicht die unwahrscheinlichsten Legenden und Berichte zustande kommen und sich verbreiten.[4]

Die Entstehung von Legenden, die so leicht in den Massen umlaufen, ist nicht nur die Folge vollkommener Leichtgläubigkeit, sondern auch der ungeheuerlichen Entstellungen, welche die Ereignisse in der Phantasie der Menschenansammlungen erfahren. Der einfachste Vorfall, von der Masse gesehen, ist sofort ein entstelltes Geschehnis. Sie denkt in Bildern, und das hervorgerufene Bild löst eine Folge anderer Bilder aus, ohne jeden logischen Zusammenhang mit dem ersten. Diesen Zustand verstehen wir leicht, wenn wir bedenken, welche sonderbaren Vorstellungsreihen zuweilen ein Erlebnis in uns hervorruft. Die Vernunft beweist die Zusammenhanglosigkeit dieser Bilder, aber die Masse beachtet sie nicht und vermengt die Zusätze ihrer entstellenden Phantasie mit dem Ereignis. Die Masse ist unfähig, das Persönliche von dem Sachlichen zu unterscheiden. Sie nimmt die Bilder, die in ihrem Bewusstsein auftauchen und sehr oft nur eine entfernte Ähnlichkeit mit der beobachteten Tatsache haben, für Wirklichkeit.

Die Entstellungen, mit denen eine Masse ein Ereignis umformt, dessen Zeuge sie gewesen ist, scheinen unzählig und von verschiedener Art zu sein, da die Menschen, aus denen die Masse besteht, von sehr verschiedenem Temperament sind. Aber so ist es nicht. Infolge der Übertragung sind die Entstellungen durch die Einzelnen einer Gemeinschaft alle von gleicher Art und gleichem Wesen. Die erste Entstellung, die ein Glied der Gesamtheit vorbringt, formt den Kern des ansteckenden Einflusses. Bevor der heilige Georg allen Kreuzfahrern auf den Mauern von Jerusalem erschien, war er sicher zuerst nur von einem von ihnen wahrgenommen worden. Durch Beeinflussung und Übertragung wurde das gemeldete Wunder sofort von allen angenommen.

So vollzieht sich der Vorgang von Kollektivhalluzinationen, die in der Geschichte so häufig sind und alle klassischen Merkmale der Echtheit zu haben scheinen, da es sich hier um Erscheinungen handelt, die von Tausenden von Menschen festgestellt wurden.

Die geistige Beschaffenheit der Einzelnen, aus denen die Masse besteht, widerspricht nicht diesem Grundsatz. Denn diese Eigenschaften sind bedeutungslos. In dem Augenblick, da sie zu einer Masse gehören, werden der Ungebildete und der Gelehrte gleich unfähig zur Beobachtung.

Diese Behauptung mag widersinnig klingen. Um sie zu beweisen, müsste man auf eine große Anzahl historischer Tatsachen zurückgreifen, und dazu würden mehrere Bände nicht genügen.

Da ich aber den Leser doch nicht unter dem Eindruck unbewiesener Behauptungen lassen möchte, so will ich einige Beispiele anführen, die ich auf gut Glück aus der großen Anzahl, die man zitieren könnte, herausgreife.

---

↑ (4) Wer noch die Belagerung von Paris mitgemacht hat, erlebte viele Fälle dieser Leichtgläubigkeit der Massen an die unwahrscheinlichsten Dinge. Ein brennendes Wachslicht in einem höheren Stockwerk galt sofort für ein Zeichen, das man den Belagerern geben wollte. Zwei Sekunden Überlegung würden bewiesen haben, dass man unmöglich aus einer Entfernung von mehreren Meilen dieses Kerzenlicht sehen kann.

## Beispiele von Kollektivhalluzinationen

Der folgende Fall wurde gewählt, weil er besonders allgemeingültig für Kollektivhalluzinationen ist. Er wirkte sich auf eine Menge aus, die aus den verschiedensten Einzelnen – Unwissenden und Gebildeten – bestand. Er wird von dem Schiffsleutnant Julien Felix in seinem Buch über die Meeresströmungen nebenher berichtet und ist auch in die ›Revue Scientifique‹ aufgenommen worden.

Die Fregatte ›La Belle-Poule‹ kreuzte auf See, um die Korvette ›Le Berceau‹ wiederzufinden, von der sie durch einen heftigen Orkan getrennt worden war. Es war am hellen, lichten Tage. Plötzlich signalisiert die Wache ein Schiff in Seenot. Die Mannschaft richtet ihre Blicke auf die bezeichnete Stelle, und alle, Offiziere und Matrosen, sehen deutlich ein menschenbeladenes Wrack, welches von kleinen Fahrzeugen, auf denen Notsignale flatterten, geschleppt wurde. Admiral Desfossés ließ ein Boot bemannen, um den Schiffbrüchigen zu Hilfe zu eilen. Während sie sich näherten, sahen die im Boot befindlichen Matrosen und Offiziere »Massen von Menschen sich hin und her bewegen, die Hände ausstrecken und vernahmen den dumpfen und verworrenen Lärm einer großen Anzahl Stimmen.« Als das Boot angekommen war, fand man nichts weiter vor als einige mit Blättern bedeckte Baum-Äste, die sich von der benachbarten Küste losgerissen hatten. Vor einem so handgreiflichen Beweis schwindet die Täuschung.

Dies Beispiel enthüllt ganz klar den Verlauf der Kollektivtäuschungen, wie wir ihn beschrieben haben. Auf der einen Seite eine Masse im Zustand gespannter Aufmerksamkeit; auf der anderen eine Suggestion, die von der Wache ausgeht, die ein schiffbrüchiges Fahrzeug auf dem Meer signalisiert, eine Suggestion, die durch Übertragung von allen Anwesenden, Offizieren wie Matrosen, aufgenommen wird.

Eine Masse braucht nicht zahlreich zu sein, um die Fähigkeit richtigen Sehens zu verlieren und die wirklichen Tatsachen durch davon abweichende Täuschungen zu ersetzen. Die Versammlung einiger Einzelner bildet eine Masse; und selbst wenn es hervorragende Gelehrte wären, so würden sie doch alle für die Dinge, die außerhalb ihres Faches liegen, die Massenkennzeichen annehmen. Das Beobachtungsvermögen und der kritische Geist eines jeden von ihnen schwinden sofort.

Ein scharfsinniger Psychologe, Davey, liefert uns dafür ein recht merkwürdiges Beispiel, welches vor kurzem in den ›Annales des Sciences psychiques‹ mitgeteilt wurde und es verdient, hier berichtet zu werden: Davey berief eine Versammlung ausgezeichneter Beobachter ein, unter ihnen den hervorragenden englischen Forscher Wallace, und führte ihnen, nachdem er sie die Gegenstände untersuchen und beliebig hatte versiegeln lassen, alle klassischen Phänomene des Spiritismus vor: Materialisation von Geistern, Schiefertafelschrift usw. Nachdem er hierauf von diesen berühmten Beobachtern schriftliche Berichte erhalten hatte, in welchen erklärt wurde, die beobachteten Erscheinungen seien nur auf übernatürlichem Wege möglich gewesen, enthüllte er ihnen, dass sie das Ergebnis sehr einfacher Kniffe waren. »Das Erstaunliche an diesem Versuch Daveys«, schreibt der Verfasser des Berichts, »ist nicht die Bewunderung der Kunststücke als solcher, sondern die außerordentliche Geistlosigkeit der Berichte, welche die uneingeweihten Zeugen darüber abgaben. Denn die Zeugen haben zahlreiche und genaue Berichte geliefert, die völlig irrig sind, die aber, wenn man ihre Schilderungen für richtig hält, zu dem Ergebnis führen, dass die geschilderten Vorgänge durch Betrug nicht zu erklären sind. Die von Davey ersonnenen Methoden waren so einfach, dass man sich über die Kühnheit wundert, mit der er sie anwandte, er besaß aber eine solche Macht über den Geist der Masse, dass er ihr das, was sie nicht sah, als gesehen aufzwingen konnte.« Diese Macht hat der Hypnotiseur immer über den Hypnotisierten. Sieht man aber, wie sie sich auf überlegene, von vornherein misstrauische Geister auswirkt, dann begreift man, mit welcher Leichtigkeit die gewöhnlichen Massen zu täuschen sind.

## ZEUGNIS VON FRAUEN UND KINDERN

Es gibt unzählige ähnliche Beispiele. Vor einigen Jahren gaben die Zeitungen die Geschichte von zwei kleinen ertrunkenen Mädchen wieder, die aus der Seine gezogen wurden. Diese Kinder wurden zuerst in bestimmtester Weise von einem Dutzend Zeugen erkannt. Vor so übereinstimmenden Aussagen schwand auch der leiseste Zweifel des Untersuchungsrichters, er ließ den Totenschein ausfertigen. In dem Augenblick aber, da man sich zur Beerdigung anschickte, entdeckte man durch Zufall, dass die mit den Opfern Identifizierten noch völlig lebendig waren und kaum eine entfernte Ähnlichkeit mit den ertrunkenen Kleinen besaßen. Wie in mehreren der früher angeführten Beispiele hatte die Behauptung des ersten Zeugen, der das Opfer einer Täuschung war, zur Beeinflussung aller anderen genügt.

In solchen Fällen ist der Ausgangspunkt für die Beeinflussung stets die Täuschung, die durch mehr oder weniger unbestimmte Erinnerungen in einem Einzelnen erzeugt wird; außerdem die Übertragung durch Mitteilung dieses ersten Irrtums. Ist der erste Beobachter leicht erregbar, so genügt es oft, dass der Leichnam, den er zu erkennen glaubt, abgesehen von aller wirklichen Ähnlichkeit, eine Besonderheit, etwa eine Narbe oder ein Bekleidungsmerkmal aufzuweisen hat, wodurch bei ihm die Vorstellung einer anderen Person ausgelöst werden kann. Die eingebildete Vorstellung kann dann zum Kern einer Art Kristallisation werden, welche den Bereich des Verstandes ergreift und allen kritischen Geist lähmt. Der Beobachter sieht dann nicht mehr die Sache selbst, sondern das Bild, das in seiner

Seele aufgetaucht ist. Auf diese Weise erklärt sich das vermeintliche Wiedererkennen von Kinderleichen durch die Mütter, wie in dem folgenden, schon alten Fall, an dem sich die beiden Arten von Beeinflussung, deren Ablauf ich erklärt habe, deutlich offenbaren.

»Das Kind wurde von einem anderen Kinde erkannt – das sich irrte. Die Reihe des unrichtigen Wiedererkennens lief nun ab. Und nun geschah etwas sehr Merkwürdiges. An dem Tage, nachdem die Leiche durch einen Schüler wiedererkannt worden war, schrie eine Frau auf: ›Ach, mein Gott, das ist mein Kind!‹ Man führte sie zur Leiche, sie untersucht die Kleider und stellt eine Narbe an der Stirn fest. ›Gewiss‹, sagte sie, ›es ist mein armer Junge, der seit Ende Juli vermisst wird. Man wird ihn mir entführt und getötet haben.‹ Die Frau war Hausmeisterin in der Rue de Four und hieß Chavandret. Man ließ ihren Schwager kommen und dieser sagte ohne Zögern: ›Das ist der kleine Philibert.‹ Mehrere Bewohner der Straße, ganz abgesehen von seinem Lehrer, für den die Schulmedaille ausschlaggebend war, erkannten in dem Kinde von la Villette Philibert Chavandret. Nun: Nachbarn, Schwager, Lehrer und Mutter hatten sich geirrt. Sechs Wochen später war die Identität des Kindes festgestellt. Es war ein Knabe aus Bordeaux, der dort getötet und mit der Post nach Paris gebracht worden war.«[5]

Wir können wieder feststellen, dass dies ›Erkennen‹ meistens bei Frauen und Kindern, also gerade bei den erregbarsten Wesen vorkommt. Es zeigt gleichzeitig, wie wenig Wert solche Zeugnisse vor Gericht haben können. Besonders Kinderaussagen sollten nie herangezogen werden. Die Richter wiederholen immer, man lüge in diesem Alter nicht; das ist ein Gemeinplatz. Besäßen sie eine etwas tiefere psychologische Bildung, so wüssten sie: ganz im Gegenteil, in diesem Alter lügt man stets. Gewiss ist die Lüge harmlos, sie bleibt aber dennoch eine Lüge. Besser würde die Verurteilung eines Angeklagten nach dem Spiel ›Kopf oder Schrift‹ erfolgen, als, wie so oft geschehen, nach dem Zeugnis eines Kindes.

---

↑ (5) ›Eclair‹ vom 21. April 1895

# BILDUNG VON LEGENDEN

Um aber auf die Beobachtungen zurückzukommen, die von den Massen gemacht werden, so können wir daraus schließen, dass die Kollektivbeobachtungen die verfehltesten von allen sind, und dass sie meistens nur die einfache Täuschung eines Einzelnen sind, die durch Übertragung alle anderen beeinflusst hat. Unzählige Fälle beweisen, dass man gegen die Zeugenschaft der Masse das größte Misstrauen hegen muss. Tausende von Menschen erlebten den berühmten Reiterangriff der Schlacht bei Sedan, und doch ist es unmöglich, aus den widersprechenden Berichten von Augenzeugen festzustellen, von wem er kommandiert wurde. Der englische General Wolseley hat in einem neuen Buch den Beweis erbracht, dass man bis jetzt über die wichtigsten Ereignisse der Schlacht bei Waterloo, obwohl Hunderte von Zeugen sie beglaubigt hatten, in größtem Irrtum befangen war.[6]

All diese Beispiele zeigen, ich wiederhole es, wie wenig Wert die Zeugenschaft der Massen hat. Die Lehrbücher der Logik zählen die Übereinstimmung zahlreicher Zeugen zur Klasse der sichersten Beweise, die man zur Erhärtung einer Tatsache erbringen kann. Aber was wir von der Psychologie der Massen wissen, zeigt, wie sehr sie sich in diesem Punkte täuschen. Die Ereignisse, die von der größten Anzahl von Personen beobachtet wurden, sind sicher am zweifelhaftesten. Zu erklären, eine Tatsache sei von Tausenden von Zeugen gleichzeitig festgestellt worden, heißt erklären, dass das wirkliche Ereignis von dem angenommenen Bericht im allgemeinen erheblich abweicht.

Aus dem Vorstehenden folgt klar, dass die Geschichtswerke als reine Phantasiegebilde zu betrachten sind. Es sind Phantasieberichte schlecht beobachteter Ereignisse nebst nachträglich ersonnenen Erklärungen. Hätte uns die Vergangenheit nicht ihre Literaturdenkmäler, ihre Kunst- und Bauwerke hinterlassen, so wüssten wir nicht die geringste Tatsache von ihr. Kennen wir ein einziges wahres Wort über das Leben der großen Männer, die in der Menschheit eine hervorragende Rolle spielten? Höchstwahrscheinlich nicht. Im Grunde hat übrigens ihr tatsächliches Leben recht wenig Interesse für uns. Die legendären Helden, nicht die wirklichen Helden haben Eindruck auf die Massen gemacht.

Leider sind die Legenden selbst nicht von Dauer. Die Phantasie der Massen formt sie je nach den Zeiten und den Rassen um. Vom grausamen Jehova der Bibel bis zum Gott der Liebe der heiligen Therese ist ein großer Schritt, und der in China verehrte Buddha hat mit dem in Indien angebeteten keinen Zug gemein.

Es bedarf nicht des Ablaufs von Jahrhunderten, damit sich die Heldenlegende in der Phantasie der Massen wandelt; diese Wandlung erfolgt oft innerhalb weniger Jahre. Wir haben in unsern Tagen erlebt, wie sich die Legende eines der größten Helden der Geschichte in weniger als fünfzig Jahren wiederholt verändert hat. Unter den Bourbonen wurde Napoleon zu einer idyllischen, menschenfreundlichen und freisinnigen Persönlichkeit, einem Freunde der Armen, die, wie der Dichter sagt, sein Andenken in ihrer Hütte für lange Zeit bewahren würden. Dreißig Jahre später war der gutmütige Held zu einem grausamen Despoten geworden, zu einem Usurpator von Macht und Freiheit, der drei Millionen Menschen nur zur Befriedigung seines Ehrgeizes geopfert hatte. Gerade jetzt wandelt sich die Legende wieder. Wenn einige Dutzend Jahrhunderte darüber hingegangen sind, werden die zukünftigen Forscher angesichts dieser widersprechenden Berichte vielleicht das Dasein des Helden bezweifeln, wie wir bisweilen das Dasein Buddhas bezweifeln, und werden dann in ihm nur einen Sonnenmythos oder eine Fortentwicklung der Herkulessage erblicken. Zweifellos werden sie sich über diese Ungewissheit leicht trösten, denn da sie eine bessere psychologische Erkenntnis haben werden als wir heutzutage, so werden sie wissen, dass die Geschichte nur Mythen zu verewigen vermag.

---

↑ (6) Wissen wir auch nur von einer einzigen Schlacht, wie sie sich wirklich abgespielt hat? Ich zweifle sehr daran. Wir kennen Sieger und Besiegte, aber wahrscheinlich weiter nichts. Was d'Harcourt über die Schlacht von Solferino berichtet, die er teils mitgemacht und teils gesehen hat, lässt sich auf alle Schlachten anwenden: »Die Generäle (natürlich durch Hunderte von Aussagen unterrichtet) setzen ihre offiziellen Berichte auf; die mit der Verbreitung der Berichte betrauten Offiziere ändern diese Schriftstücke und setzen die endgültige Fassung fest; der Generalstabschef kritisiert und erneuert sie nochmals. Man bringt sie zum Feldmarschall, er ruft: ›Sie befinden sich in einem völligen Irrtum!‹ und nimmt eine neue Überarbeitung vor. Von dem ursprünglichen Bericht bleibt fast nichts stehen.« D'Harcourt erzählt dies als Beweis der Unmöglichkeit, die Wahrheit über das packendste und aufs genaueste beobachtete Ereignis festzustellen.

# § 3. Überschwang (Exagération) und Einseitigkeit (Simplisme) der Massengefühle

Alle Gefühle, gute und schlechte, die eine Masse äußert, haben zwei Eigentümlichkeiten; sie sind sehr einfach und sehr überschwänglich. Wie in so vielen anderen, nähert sich auch in dieser Beziehung der Einzelne, der einer Masse angehört, den primitiven Wesen. Gefühlsabstufungen nicht zugänglich, sieht er die Dinge grob und kennt keine Übergänge. Der Überschwang der Gefühle in der Masse wird noch dadurch verstärkt, dass er sich durch Suggestion und Übertragung sehr rasch ausbreitet und dass Anerkennung, die er erfährt, seinen Spannungsgrad erheblich steigert.

Die Einseitigkeit und Überschwänglichkeit der Gefühle der Massen bewahren sie vor Zweifel und Ungewissheit. Den Frauen gleich gehen sie sofort bis zum Äußersten. Ein ausgesprochener Verdacht wird sogleich zu unumstößlicher Gewissheit. Ein Keim von Abneigung und Missbilligung, den der Einzelne kaum beachten würde, wächst beim Einzelwesen der Masse sofort zu wildem Hass.

Die Heftigkeit der Gefühle der Massen wird besonders bei den ungleichartigen Massen durch das Fehlen jeder Verantwortlichkeit noch gesteigert. Die Gewissheit der Straflosigkeit, die mit der Größe der Menge zunimmt, und das Bewusstsein einer bedeutenden augenblicklichen Gewalt, bedingt durch die Masse, ermöglichen der Gesamtheit Gefühle und Handlungen, die dem Einzelnen unmöglich sind. In den Massen verlieren die Dummen, Ungebildeten und Neidischen das Gefühl ihrer

Nichtigkeit und Ohnmacht; an seine Stelle tritt das Bewusstsein einer rohen, zwar vergänglichen, aber ungeheuren Kraft.

Unglücklicherweise ruft der Überschwang schlechter Gefühle bei den Massen den vererbten Rest der Instinkte des Urmenschen herauf, die beim alleinstehenden und verantwortlichen Einzelnen durch die Furcht vor Strafe gezügelt werden. So erklärt sich die Neigung der Massen zu schlimmen Ausschreitungen.

Wenn die Massen geschickt beeinflusst werden, können sie heldenhaft und opferwillig sein. Sie sind es sogar in viel höherem Maße als der Einzelne. Wir werden beim Studium der Massenmoral bald Gelegenheit haben, auf diesen Punkt zurückzukommen.

Da die Masse nur durch übermäßige Empfindungen erregt wird, muss der Redner, der sie hinreißen will, starke Ausdrücke gebrauchen. Zu den gewöhnlichen Beweismitteln der Redner in Volksversammlungen gehört Schreien, Beteuern, Wiederholen, und niemals darf er den Versuch machen, einen Beweis zu erbringen.

Die gleiche Übertreibung der Gefühle verlangt die Masse von ihren Helden. Ihre Eigenschaften und hervorragenden Tugenden müssen stets vergrößert werden. Im Theater fordert die Masse von dem Helden des Dramas Tugenden, einen Mut und eine Moral, wie sie im Leben niemals vorkommen.

Man spricht mit Recht von der besonderen Optik des Theaters. Zweifellos ist sie vorhanden, aber ihre Gesetze haben nichts mit dem gesunden Menschenverstand und der Logik zu tun.* Die Kunst, zur Masse zu sprechen, ist von untergeordnetem Rang, erfordert jedoch ganz besondere Fähigkeiten. Beim Lesen gewisser Stücke kann man sich ihren Erfolg oft nicht erklären. Im allgemeinen sind die Theaterdirektoren selbst über den Erfolg sehr im Ungewissen, wenn ihnen die Stücke eingereicht werden, denn um urteilen zu können, müssten sie sich in eine Masse verwandeln. Wenn wir uns mit Einzelheiten befassen könnten, wäre es leicht, auch noch den bedeutenden Einfluss der Rasse aufzuzeigen. Das Drama, das in dem einen Lande die Masse begeistert, hat oft in einem anderen keinen oder nur einen durchschnittlichen Achtungserfolg, weil es nicht die Kräfte spielen lässt, die das neue Publikum bewegen könnten.

Ich brauche nicht besonders zu betonen, dass der Überschwang der Massen sich nur auf die Gefühle und in keiner Weise auf den Verstand erstreckt. Die Tatsache der bloßen Zugehörigkeit des Einzelnen zur Masse bewirkt, wie ich bereits zeigte, eine beträchtliche Senkung der Voraussetzungen seines Verstandes. In seinen Untersuchungen über die Massenverbrechen hat Tarde das gleichfalls festgestellt.

---

* Dadurch erklärt es sich auch, dass gewisse Theaterstücke, die von allen Direktoren zurückgewiesen wurden, zuweilen außerordentliche Erfolge erzielen, wenn ihre Aufführung dann doch zufällig zustande kommt. Der Erfolg des Coppéeschen Stückes ›Pour la Couronne‹, das zehn Jahre lang, trotz des Namens seines Autors, von allen Direktoren der ersten Theater abgelehnt wurde, ist bekannt. ›Charleys Tante‹ wurde nach einer ganzen Reihe von Ablehnungen auf Kosten eines Börsenmaklers aufgeführt und erzielte in Frankreich zweihundert, in England über tausend Aufführungen. Ohne die genannte Erklärung, dass sich die Theaterdirektoren nicht in die Seele der Masse versetzen können, wäre es unbegreiflich, dass maßgebende Einzelne, die Wert darauf legen, sich nicht durch schwere Irrtümer bloßzustellen, solche Fehlurteile fällen können.

## § 4. Unduldsamkeit, Herrschsucht (Autoritarisme) und Konservatismus der Massen

Die Massen kennen nur einfache und übertriebene Gefühle. Meinungen, Ideen, Glaubenssätze, die man ihnen einflößt, werden daher nur in Bausch und Bogen von ihnen angenommen oder verworfen und als unbedingte Wahrheiten oder ebenso unbedingte Irrtümer betrachtet. So geht es stets mit Überzeugungen, die auf dem Wege der Beeinflussung, nicht durch Nachdenken erworben wurden. Jedermann weiß, wie unduldsam die religiösen Glaubenssätze sind und welche Gewaltherrschaft sie über die Seelen ausüben.

Da die Masse in das, was sie für Wahrheit oder Irrtum hält, keinen Zweifel setzt, andererseits ein klares Bewusstsein ihrer Kraft besitzt, so ist sie ebenso eigenmächtig wie unduldsam. Der Einzelne kann Widerspruch und Auseinandersetzung anerkennen, die Masse duldet sie niemals. In den öffentlichen Versammlungen wird der leiseste Widerspruch eines Redners sofort mit Wutgeschrei und groben Schmähungen beantwortet, und wenn der Redner beharrlich ist, folgen leicht Tätlichkeiten, und der Redner wird hinausgeworfen. Ohne die einschüchternde Anwesenheit der Sicherheitsbehörde würde man oft den Gegner lynchen. Herrschsucht und Unduldsamkeit finden sich bei allen Arten der Massen, aber in ganz verschiedenen Graden, und hier kommt wieder der Grundbegriff der Rasse zur Geltung, die alles Fühlen und Denken der Menschen beherrscht. Herrschsucht und Unduldsamkeit sind besonders bei den lateinischen Massen ausgebildet, und zwar in solchem Maße, dass es ihnen fast gelungen ist, das Gefühl der persönlichen Unabhängigkeit, das bei den Angelsachsen so mächtig ist, bei ihnen völlig zu vernichten. Die lateinischen Massen haben nur Gefühl für die Gesamt-Unabhängigkeit ihrer Sekte, und bezeichnend für diese Unabhängigkeit ist das Bedürfnis, alle Andersgläubigen sofort und gewaltsam für ihren eigenen Glauben zu gewinnen. Von der Inquisition angefangen, konnten sich bei den lateinischen Völkern die Jakobiner aller Zeiten niemals zu einem anderen Freiheitsbegriff aufschwingen.

Herrschsucht und Unduldsamkeit sind für die Massen sehr klare Gefühle, die sie ebenso leicht ertragen, wie sie sie in die Tat umsetzen. Die Massen erkennen die Macht an und werden durch Güte, die sie leicht für eine Art Schwäche halten, nur mäßig beeinflusst. Niemals galten ihre Sympathien den gütigen Herren, sondern den Tyrannen, von denen sie kraftvoll beherrscht wurden. Ihnen haben sie stets die größten Denkmäler errichtet. Wenn sie den gestürzten Despoten gern mit Füßen treten, so geschieht das, weil er seine Macht eingebüßt hat und in die Reihe der Schwachen eingereiht wird, die man verachtet und nicht fürchtet. Das Urbild des Massenhelden wird stets Cäsarencharakter zeigen. Sein Helmbusch verführt sie, seine Macht flößt ihnen Achtung ein, und sein Schwert fürchten sie. Stets bereit zur Auflehnung gegen die schwache Obrigkeit, beugt sich die Masse knechtisch vor einer starken Herrschaft. Ist die Haltung der Obrigkeit schwankend, so wendet sich die

Masse, die stets ihren äußersten Gefühlen folgt, abwechselnd von der Anarchie zur Sklaverei, von der Sklaverei zur Anarchie.

Übrigens würde man die Psychologie der Massen ganz missverstehen, wenn man an die Vorherrschaft ihrer revolutionären Triebe glaubte. Nur ihre Gewalttaten täuschen uns über diesen Punkt. Die Ausbrüche der Empörung und Zerstörung sind immer nur von kurzer Dauer. Die Massen werden zu sehr vom Unbewussten geleitet und sind also dem Einfluss uralter Vererbung zu sehr unterworfen, als dass sie nicht äußerst beharrend sein müssten. Wenn sie sich selbst überlassen werden, erlebt man bald, dass sie, ihrer Zügellosigkeit überdrüssig, instinktiv der Knechtschaft zusteuern. Die kühnsten und schroffsten Jakobiner stimmten Bonaparte entschieden zu, als er alle Freiheiten aufhob und seine eiserne Hand schwer fühlen ließ.

Die Geschichte der Völkerrevolutionen ist fast unverständlich, wenn man die von Grund aus beharrenden Triebkräfte der Massen verkennt. Sie wünschen zwar die Namen ihrer Institutionen zu wechseln, und um diesen Wechsel zu vollziehen, machen sie zuweilen sogar große Revolutionen durch, aber der Kern dieser Institutionen ist zu sehr Ausdruck der erblichen Bedürfnisse der Rasse, als dass sie nicht immer wiederkehren müssten. Die unaufhörliche Veränderlichkeit der Massen erstreckt sich nur auf ganz äußerliche Dinge. In Wahrheit haben sie nicht weiter erklärbare Beharrungsinstinkte, und wie alle Primitiven eine fetischistische Ehrfurcht vor den Überlieferungen, einen unbewussten Abscheu vor allen Neuerungen, die ihre realen Lebensbedingungen ändern könnten. Hätte die Demokratie in der Zeit der Erfindung der mechanischen Webstühle, der Dampfmaschine, der Eisenbahnen, die Macht besessen, über die sie heute verfügt, so wäre die Verwirklichung dieser Erfindungen unmöglich gewesen. Es ist ein Glück für den Fortschritt der Kultur, dass die Übermacht der Massen erst dann geboren wurde, als die großen Entdeckungen der Wissenschaft und der Industrie vollendet waren.

# § 5. Sittlichkeit der Massen

Wenn wir mit dem Begriff Sittlichkeit den Sinn für die Achtung vor gewissen sozialen Gebräuchen und die beständige Unterdrückung eigennütziger Antriebe verbinden, dann liegt es auf der Hand, dass die Massen zu triebhaft und veränderlich sind, um für Sittlichkeit empfänglich zu sein. Wenn wir aber unter dem Begriff der Sittlichkeit das augenblickliche Auftreten gewisser Eigenschaften, wie Entsagung, Ergebenheit, Uneigennützigkeit, Selbstaufopferung, Rechtsgefühl verstehen, so können wir sagen: die Massen sind oft eines sehr hohen Maßes von Sittlichkeit fähig.

Die wenigen Psychologen, die sich mit dem Studium der Massen befasst haben, taten es nur in Bezug auf ihre verbrecherischen Handlungen. Und in Anbetracht der Häufigkeit solcher Taten haben sie die Massen als sittlich sehr tiefstehend beurteilt.

Gewiss erbringen sie oft den Beweis dafür: aber wie kommt das? Nur weil die Triebe zerstörerischer Wildheit Überreste aus der Urzeit sind, die in jedem von uns schlummern. Für den Einzelnen wäre es zu gefährlich, diese Triebe zu befriedigen, während ihm sein Untertauchen in einer unverantwortlichen Masse, durch die ihm Straflosigkeit gesichert ist, völlige Freiheit der Triebbefriedigung gewährt. Da wir diese Zerstörungstriebe gewöhnlich nicht an unseren Mitmenschen ausüben können, so beschränken wir uns darauf, sie an Tieren auszulassen. Derselben Quelle entspringen die Jagdleidenschaft und die Grausamkeit der Massen. Die Masse, die ein wehrloses Opfer langsam zu Tode quält, gibt den Beweis feiger Grausamkeit; für den Philosophen aber ist sie in hohem Maße mit der Grausamkeit der Jäger verwandt, die dutzendweise zusammenkommen, um mit Vergnügen zu sehen, dass ihre Hunde einem unglücklichen Hirsch den Bauch aufreißen.

Wenn nun die Masse imstande ist, Mordtaten, Brandstiftungen und Verbrechen aller Art zu begehen, so ist sie ebenso zu Taten der Hingabe, Aufopferung und Uneigennützigkeit fähig, sogar in höherem Maße als der Einzelne. Besonders wirkt man auf den Einzelnen in der Masse, wenn man sich auf die

Gefühle für Ruhm und Ehre, Religion und Vaterland beruft. Die Geschichte ist voller Beispiele dieser Art, wie sie die Kreuzzüge bieten und die Freiwilligen von 1793. Nur die Gesamtheiten sind großer Uneigennützigkeit und Aufopferung fähig. Wie viele Massen haben sich für Überzeugungen und Ideen, die sie kaum verstanden, heldenhaft hinschlachten lassen! Massen, die in Streik treten, streiken oft wohl mehr, um einem Kampfruf zu folgen, als um einen Lohnzuschlag zu erlangen. Das persönliche Interesse ist bei den Massen selten eine mächtige Triebkraft, während es bei dem Einzelnen fast den ausschließlichen Antrieb bildet. Es ist wahrlich nicht der Eigennutz, der die Massen in so viele Kriege führte, die für ihren Verstand unbegreiflich waren, und in denen sie sich so leicht niedermetzeln ließen, wie die Lerchen, die durch den Spiegel des Jägers hypnotisiert werden.

Selbst die ausgemachtesten Schufte nehmen oft allein durch die Tatsache der Vereinigung in einer Masse sehr strenge moralische Grundsätze an. Taine zeigt, dass die Menschenschlächter der Septembertage [1792] die bei ihren Opfern vorgefundenen Brieftaschen und Schmuckstücke, die sie leicht an sich nehmen konnten, auf den Tisch der Ausschüsse niederlegten. Die heulende, wimmelnde, elende Volksmasse, die in der Revolution vom Jahre 1848 in die Tuilerien eindrang, nahm nichts von den Gegenständen, die sie blendeten und von denen ein jeder Brot für viele Tage bedeutet hätte.

Diese Versittlichung des Einzelnen durch die Masse ist gewiss keine feste Regel, aber sie ist häufig zu beobachten, und selbst unter viel weniger ernsten Umständen als den von mir angeführten. Wie ich bereits sagte, verlangt die Masse im Theater von dem Helden des Dramas übertrieben hohe Tugenden, und selbst eine Zuhörerschaft, die aus niedrigen Elementen zusammengesetzt ist, erweist sich oftmals als sehr prüde. Der berufsmäßige Lebemann, der Zuhälter, der Bummler und Spottvogel murrt oft bei einer etwas gewagten Szene oder einer schlüpfrigen Rede, die doch im Vergleich zu ihren übrigen Unterhaltungen recht harmlos ist.

Frönen die Massen also oft niedrigen Instinkten, so bieten sie manchmal auch wieder Beispiele hochsittlicher Handlungsweise. Wenn Uneigennützigkeit, Entsagung, bedingungslose Hingabe an ein eingebildetes oder wirkliches Ideal sittliche Tugenden sind, dann kann man sagen, dass die Massen diese Tugenden oft in einem so hohen Grade besitzen, wie ihn die weisesten Philosophen selten erreicht haben. Gewiss üben sie diese Tugenden unbewusst aus, aber darauf kommt es nicht an. Hätten die Massen zuweilen nachgedacht und ihren eigenen Vorteil wahrgenommen, dann hätte sich vielleicht keine Kultur auf der Oberfläche unseres Planeten entfaltet, und die Menschheit wäre ohne Geschichte geblieben.

# 3. KAPITEL: IDEEN, URTEILE UND EINBILDUNGSKRAFT DER MASSEN

## ÜBERSICHT DRITTES KAPITEL

*§ 1. Die Ideen der Massen* — Grundlegende und nebensächliche Ideen — Wie entgegengesetzte Vorstellungen gleichzeitig bestehen können — Wandlungen, die die höheren Ideen durchmachen müssen, um für die Massen annehmbar zu werden — Die soziale Bedeutung der Vorstellungen ist unabhängig von dem Wahrheitsgehalt, den sie in sich tragen können.

*§ 2. Die Urteile der Massen* — Die Massen sind nicht durch Beweisgründe zu beeinflussen — Die Urteile der Massen sind stets sehr niedriger Art — Die Vorstellungen, die sie assoziieren, haben nur den Schein von Analogie und Folgerichtigkeit

*§ 3. Die Einbildungskraft der Massen* — Macht der Massenphantasie — Sie denken in Bildern, die ohne jegliche Verbindung aufeinander folgen — Die Massen nimmt besonders die wunderbare Seit der Dinge gefangen — Das Wunderbare und das Sagenhafte sind die wahren Träger der Kulturen — Die Volksphantasie war stets der Stützpunkt der Macht aller Staatsmänner — Auf welche Weise die Tatsachen auf die Einbildungskraft der Massen Eindruck machen können

# § 1. Die Ideen der Massen

Die Untersuchungen einer früheren Arbeit von mir über die Bedeutung der Ideen für die Entwicklung der Völker haben bewiesen, dass sich jede Zivilisation aus einer geringen Anzahl selten erneuter Grundideen entwickelt. Ich habe dort dargelegt, wie sich diese Ideen in der Seele der Massen festsetzen, wie mühsam sie in sie eindringen und welche Macht sie dann gewinnen. Ich zeigte, wie die großen historischen Umwälzungen meistens aus der Veränderung dieser Grundideen entstehen.

Da ich diesen Gegenstand hinreichend behandelt habe, so möchte ich nicht darauf zurückkommen und will mich darauf beschränken, einige Worte über die Ideen zu sagen, die den Massen zugänglich sind und unter welchen Formen sie sie erfassen.

Man kann sie in zwei Klassen einteilen. Zu der einen zählen wir die zufälligen und flüchtigen Ideen, die unter dem Einfluss des Augenblicks entstehen: z. B. die Vorliebe für eine Person oder eine Lehre. Zu der anderen die Grundideen, denen Umgebung, Vererbung, Glaube große Dauerhaftigkeit verleihen, wie z. B. die religiösen Glaubenssätze von ehemals, die demokratischen und sozialen Ideen von heute.

Man kann sich die Grundideen als die Wassermasse eines langsam dahinströmenden Flusses, die flüchtigen Ideen als die kleinen, immer wechselnden Wellen vorstellen, die seine Oberfläche erregen und, obwohl ohne wirkliche Bedeutung, sichtbarer sind als der Flusslauf selbst.

In unseren Tagen geraten die Grundanschauungen, von denen unsere Väter lebten, immer mehr ins Wanken, und gleichzeitig erweisen sich die Institutionen, die auf ihnen beruhen, als völlig erschüttert. Täglich bilden sich viele jener kleinen flüchtigen Ideen, von denen ich eben sprach; aber nur wenige von ihnen scheinen überwiegenden Einfluss gewinnen zu sollen.

Welche Ideen den Massen auch suggeriert werden mögen, zur Wirkung können sie nur kommen, wenn sie in sehr einfacher Form aufzunehmen sind und sich in ihrem Geist in bildhafter Erscheinung widerspiegeln. Kein Band logischer Übereinstimmung oder Folgerichtigkeit verbindet diese Vorstellungsbilder miteinander; sie können einander vertreten wie die Gläser der Laterna magica, die der Vorführer der Schachtel entnimmt, in der sie übereinandergeschichtet lagen. Man wird also einsehen, dass in der Masse die entgegengesetztesten Vorstellungen einander folgen. Unter dem Einfluss einer der verschiedenen in ihrem Verstand aufgespeicherten Ideen folgt die Masse dem Zufall des Augenblicks und wird infolgedessen die verschiedenartigsten Taten begehen. Der völlige Mangel an kritischem Geist lässt sie die Widersprüche nicht sehen.

Diese Erscheinung tritt übrigens nicht nur bei den Massen auf. Man trifft sie auch bei vielen Einzelnen, nicht nur bei Primitiven. Ich habe es bei gelehrten Hindus, die an unseren europäischen Universitäten studierten und promovierten, beobachtet. Ohne die feste Grundlage ihrer ererbten religiösen oder sozialen Ideen im geringsten zu beeinträchtigen, hatte sich darüber eine Schicht abendländischer, mit jenen nicht verwandter Anschauungen gelegt. Bei zufälligen Gelegenheiten kamen nun bald diese, bald jene in Worten oder Taten zum Vorschein, und derselbe Mensch zeigte so die offensichtlichsten Widersprüche. Freilich Widersprüche mehr scheinbarer als wirklicher Art, denn nur die ererbten Vorstellungen sind beim Einzelnen mächtig genug, um zu Triebkräften seines Verhaltens zu werden. Nur dann, wenn der Mensch infolge von Kreuzungen aus verschiedenen Erbmassen beeinflusst wird, können sich seine Handlungen wirklich von einem Augenblick zum anderen völlig widersprechen. Es ist unnötig, diese Erscheinungen hier besonders zu betonen, obwohl sie von wesentlicher psychologischer Bedeutung sind. Meiner Meinung nach bedarf es zu ihrem Verständnis wenigstens zehnjähriger Reisen und Beobachtungen.

Da die Ideen den Massen nur in sehr einfacher Gestalt zugänglich sind, müssen sie sich, um volkstümlich zu werden, oft völlig umformen. Wenn es sich um hochwertige philosophische oder wissenschaftliche Ideen handelt, kann man die grundlegenden Veränderungen feststellen, deren sie bedürfen, um von Stufe zu Stufe bis zum Standort der Massen hinabzusteigen. Diese Veränderungen sind besonders abhängig von der Rasse, der die Masse angehört, doch sie verkleinern oder vereinfachen stets. Daher gibt es in Wahrheit vom sozialen Gesichtspunkt keine Rangordnung der Ideen, d. h. mehr oder weniger hohe Anschauungen. Schon durch die Tatsache, dass eine Idee zu den Massen gelangt und hier zu wirken vermag, wird sie beinahe all dessen entkleidet, was ihre Größe und Erhabenheit ausmachte.

Der Wert einer Idee ihrer Rangordnung nach ist übrigens bedeutungslos; nur die von ihr erzeugten Wirkungen sind zu beachten. Die christlichen Ideen des Mittelalters, die demokratischen Ideen des 18. Jahrhunderts, die sozialistischen Ideen der Gegenwart stehen gewiss nicht besonders hoch, man kann sie in philosophischer Beziehung als ziemlich armselige Irrtümer betrachten, aber ihre Bedeutung war und ist ungeheuer, und noch lange werden sie die wesentlichsten Mittel zur Führung der Staaten bleiben.

Aber selbst wenn die Idee die Veränderung durchgemacht hat, durch die sie für die Massen annehmbar wurde, wirkt sie nur, wenn sie – durch verschiedene Vorgänge, die noch zu erforschen sind – in das Unbewusste eingedrungen und zu einem Gefühl geworden ist. Diese Umwandlung dauert im allgemeinen sehr lange.

Man darf nicht glauben, eine Idee könne durch den Beweis ihrer Richtigkeit selbst bei gebildeten Geistern Wirkungen erzielen. Man wird davon überzeugt, wenn man sieht, wie wenig Einfluss die klarste Beweisführung auf die Mehrzahl der Menschen hat. Der unumstößliche Beweis kann von einem geübten Zuhörer angenommen worden sein, aber das Unbewusste in ihm wird ihn schnell zu seinen ursprünglichen Anschauungen zurückführen. Sehen wir ihn nach einigen Tagen wieder, wird er aufs Neue mit genau denselben Worten seine Einwände vorbringen. Er steht tatsächlich unter dem Einfluss früherer Anschauungen, die aus Gefühlen gewachsen sind; und nur *sie* wirken auf die Motive unserer Worte und Taten.

Hat sich aber eine Idee endlich in die Seele der Massen eingegraben, dann entwickelt sie eine unwiderstehliche Macht, und es ergibt sich eine ganze Reihe von Wirkungen. Die philosophischen Ideen, die zur Französischen Revolution führten, brauchten fast ein Jahrhundert, um in der Volksseele Wurzel zu fassen. Man weiß, welche unwiderstehliche Gewalt sie dann entfalteten. Der Ansturm eines ganzen Volkes zur Eroberung der sozialen Gleichheit, zur Verwirklichung begrifflicher Rechte und idealer Freiheiten erschütterte die abendländische Welt bis auf den Grund. Zwanzig Jahre lang fielen die Völker übereinander her, und Europa lernte Hekatomben *[Menschenopfer]* kennen, die mit denen des Dschingis Khan und Tamerlan zu vergleichen sind. Nie trat so klar zutage, was die Leidenschaft der Ideen, die die Fähigkeit haben, die Richtung der Gefühle zu ändern, hervorbringen kann.

Ideen brauchen lange Zeit, um sich in der Masse festzusetzen, und sie brauchen nicht weniger Zeit, um wieder daraus zu verschwinden. Auch sind die Massen in Bezug auf Ideen immer mehrere Generationen hinter den Wissenschaftlern und Philosophen zurück. Alle Staatsmänner wissen heute, wie viel Irrtum in den Grundideen steckt, die ich soeben anführte; da aber ihr Einfluss noch sehr stark ist, so sind sie genötigt, nach Grundsätzen zu regieren, an deren Wahrheit sie nicht mehr glauben.

# § 2. Die Urteile der Massen

Man kann nicht mit unbedingter Bestimmtheit sagen, dass Massen durch Schlussfolgerungen nicht zu beeinflussen wären. Aber die Beweise, die sie anwenden, und die, welche auf sie wirken, scheinen vom Standpunkt der Logik so untergeordneter Art, dass man sie allein mit Hilfe der Analogie als Schlüsse gelten lassen kann.

Die untergeordneten Schlussfolgerungen beruhen ebenso wie die höher entwickelten auf Ideenverbindungen: aber die von den Massen in Verbindung gebrachten Ideen sind nur durch Ähnlichkeit und Aufeinanderfolge verknüpft. Sie verketten sich wie die des Eskimo, der aus Erfahrung weiß, dass das Eis, ein durchsichtiger Körper, im Munde schmilzt, und der daraus schließt, dass Glas, ebenfalls ein durchsichtiger Körper, auch im Munde schmelzen müsse; oder wie die des Wilden, der sich einbildet, wenn er das Herz eines tapferen Feindes verzehre, erwerbe er dessen Tapferkeit; oder auch wie die des Arbeiters, der von seinem Arbeitgeber ausgebeutet wurde und daraus schließt, dass alle Unternehmer Ausbeuter seien.

Verknüpfung ähnlicher Dinge, wenn sie auch nur oberflächliche Beziehungen zueinander haben, und vorschnelle Verallgemeinerung von Einzelfällen, das sind die Merkmale der Massenlogik. Schlussfolgerungen solcher Art werden den Massen durch geschickte Redner immer wieder vorgesetzt. Von ihnen allein lassen sie sich beeinflussen. Eine logische Kette unumstößlicher Urteile würde für die Massen völlig unfassbar sein, und deshalb darf man sagen, dass sie gar nicht oder falsch urteilen und durch Logik nicht zu beeinflussen sind. Oft staunen wir beim Lesen über die Schwäche gewisser Reden, die ungeheuren Eindruck auf ihre Zuhörer gemacht haben; aber man vergisst, dass sie dazu bestimmt waren, Massen hinzureißen und nicht dazu, von Philosophen gelesen zu werden. Der Redner, der mit der Masse in inniger Verbindung steht, weiß die Bilder hervorzurufen, durch die sie verführt wird. Gelingt ihm das, so ist sein Ziel erreicht, und ein Band voll Reden wiegt die wenigen Phrasen nicht auf, durch die es gelang, die Seelen so zu verführen, dass sie sich überzeugen ließen.

Es ist überflüssig zu bemerken, dass die Unfähigkeit der Massen, richtig zu urteilen, ihnen jede Möglichkeit kritischen Geistes raubt, das heißt, die Fähigkeit, Wahrheit und Irrtum voneinander zu unterscheiden und ein scharfes Urteil abzugeben. Die Urteile, die die Massen annehmen, sind nur aufgedrängte, niemals geprüfte Urteile. Viele Einzelne erheben sich in dieser Beziehung nicht über die Masse. Die Leichtigkeit, mit der gewisse Meinungen allgemein werden, hängt vor allem mit der Unfähigkeit der meisten Menschen zusammen, sich auf Grund ihrer besonderen Schlüsse eine eigene Meinung zu bilden.

## § 3. Die Einbildungskraft der Massen

Die auffallende Einbildungskraft der Massen ist, wie bei allen Wesen, für die logisches Denken nicht in Frage kommt, leicht aufs tiefste zu erregen. Die Bilder, die in ihrem Geist durch eine

Person, ein Ereignis, einen Unglücksfall hervorgerufen werden, sind fast so lebendig wie die wirklichen Dinge. Die Massen befinden sich ungefähr in der Lage eines Schläfers, dessen Denkvermögen im Moment aufgehoben ist, so dass in seinem Geist Bilder von äußerster Heftigkeit aufsteigen, die sich aber schnell verflüchtigen würden, wenn die Überlegung mitzureden hätte. Für die Massen, die weder zur Überlegung noch zum logischen Denken fähig sind, gibt es nichts Unwahrscheinliches. Vielmehr, die unwahrscheinlichsten Dinge sind in der Regel die einleuchtendsten.

Daher werden die Massen stets durch die wunderbaren und legendären Seiten der Ereignisse am stärksten ergriffen. Das Wunderbare und das Legendäre sind tatsächlich die wahren Stützen einer Kultur. Der Schein hat in der Geschichte stets eine größere Rolle gespielt als das Sein. Das Unwirkliche hat stets den Vorrang vor dem Wirklichen.

Die Massen können nur in Bildern denken und lassen sich nur durch Bilder beeinflussen. Nur diese schrecken oder verführen sie und werden zu Ursachen ihrer Taten. Darum haben auch Theatervorstellungen, die das Bild in seiner klarsten Form geben, stets einen ungeheuren Einfluss auf die Massen. Für den römischen Pöbel bildeten einst Brot und Spiele das Glücksideal. Dies Ideal hat sich im Laufe der Zeiten wenig geändert. Nichts erregt die Phantasie des Volkes so stark wie ein Theaterstück. Alle Versammelten empfinden gleichzeitig dieselben Gefühle, und wenn sie sich nicht sofort in Taten umsetzen, so geschieht das nur, weil auch der unbewusste Zuschauer nicht im Zweifel sein kann, dass er das Opfer einer Täuschung ist und über eingebildete Abenteuer geweint oder gelacht hat. Manchmal jedoch sind die Gefühle, die durch diese Bilder suggeriert werden, stark genug, um wie die gewöhnlichen Suggestionen danach zu streben, sich in Taten umzusetzen. Man hat schon oft die Geschichte von jenem Volkstheater erzählt, das den Schauspieler, der den Verräter spielte, nach Schluss der Vorstellung schützen musste, um ihn den Angriffen der über seine vermeintlichen Verbrechen empörten Zuschauer zu entziehen. Das ist meiner Meinung nach eins der treffendsten

Beispiele für den geistigen Zustand der Massen, und besonders für die Leichtigkeit, mit der man sie beeinflusst. Das Unwirkliche ist in ihren Augen fast ebenso wichtig wie das Wirkliche. Sie haben eine auffallende Neigung, keinen Unterschied zu machen.

In der Phantasie des Volkes ist die Macht der Eroberer und die Kraft der Staaten begründet. Wenn man auf sie Eindruck macht, reißt man die Massen mit. Alle bedeutenden geschichtlichen Ereignisse, die Entstehung des Buddhismus, des Christentums, des Islams, der Reformation, der Revolution und in unserer Zeit das drohende Hereinbrechen des Sozialismus sind die unmittelbaren oder mittelbaren Folgen starker Eindrücke auf die Phantasie der Massen.

Auch die großen Staatsmänner aller Zeiten und Länder, die unumschränkten Gewaltherrscher einbegriffen, haben die Volksphantasie als Stütze ihrer Macht betrachtet. Niemals haben sie versucht, gegen sie zu regieren. »Ich habe den Krieg in der Vendée beendigt, indem ich katholisch wurde«, sagte Napoleon im Staatsrat, »in Ägypten habe ich dadurch Fuß gefasst, dass ich mich zum Mohammedaner machte, und die italienischen Priester gewann ich, indem ich ultramontan [streng päpstlich gesinnt] wurde. Wenn ich über ein jüdisches Volk herrschte, würde ich den Salomonischen Tempel wieder aufbauen lassen.« Seit Alexander und Cäsar hat es vielleicht niemals ein großer Mann besser verstanden, Eindruck auf die Massenseele zu machen; es war Napoleons stete Strategie, sie zu beeinflussen. Von ihr träumte er bei seinen Siegen, in seinen Reden, seinen Abhandlungen, bei all seinen Taten – und noch auf seinem Totenbett träumte er davon.

Wie macht man Eindruck auf die Phantasie der Massen? Wir werden es gleich sehen. Einstweilen sei nur gesagt, dass dieser Zweck nie durch den Versuch erreicht wird, auf Geist und Vernunft zu wirken. Antonius brauchte keine gelehrte Rhetorik, um das Volk gegen Cäsars Mörder aufzuwiegeln. Er las ihnen Cäsars Testament vor und zeigte ihnen seinen Leichnam.

Alles, was die Phantasie der Massen erregt, erscheint in der Form eines packenden, klaren Bildes, das frei ist von jedem Deutungszubehör und nur durch einige wunderbare Tatsachen gestützt: einen großen Sieg, ein großes Wunder, ein großes Verbrechen, eine große Hoffnung. Sie pflegt die Dinge in Bausch und Bogen aufzunehmen und ohne jemals ihre Entwicklung zu beachten. Hundert kleine Verbrechen oder hundert kleine Unfälle werden auf die Phantasie der Massen oft nicht die geringste Wirkung ausüben. Wohl aber wird sie durch ein einziges unerhörtes Verbrechen, ein einziges großes Unglück tief erschüttert, wenn es auch viel weniger blutig ist als die hundert kleinen Unfälle zusammengenommen. Die große Grippe-Epidemie, an der vor einigen Jahren in Paris fünftausend Menschen innerhalb weniger Wochen starben, machte auf die Volksphantasie wenig Eindruck. Freilich wandelte sich diese Hekatombe im wahrsten Sinne nicht in einige sichtbare Bilder, sondern nur in die täglichen statistischen Berichte um.

Ein Unglücksfall, der statt fünftausend nur fünfhundert Menschenleben kostet, aber an einem einzigen Tage, auf einem öffentlichen Platz, in einem sichtbaren Geschehnis einträte, z. B. der Einsturz des Eiffelturms würde einen ungeheuren Eindruck auf die Einbildungskraft gemacht haben. Der mutmaßliche Verlust eines Ozeandampfers, von dem man irrtümlich glaubte, er sei auf hoher See untergegangen, erregte die Massenphantasie acht Tage lang außerordentlich. Die Statistik zeigt nun aber, dass in demselben Jahre tausend große Schiffe Schiffbruch erlitten. Aber um diese allmählichen Verluste, die auf andere Art recht erhebliche Opfer an Menschenleben und Handelswerten forderten, kümmerten sich die Massen keinen Augenblick.

Also nicht die Tatsachen als solche erregen die Volksphantasie, sondern die Art und Weise, wie sie sich vollziehen. Sie müssen durch Verdichtung – wenn ich so sagen darf – ein packendes Bild hervorbringen, das den Geist erfüllt und ergreift. Die Kunst, die Einbildungskraft der Massen zu erregen, ist die Kunst, sie zu regieren.

# 4. KAPITEL: DIE RELIGIÖSEN FORMEN, DIE ALLE ÜBERZEUGUNGEN DER MASSE ANNEHMEN

WIR HABEN GESEHEN, dass die Massen nicht überlegen, dass sie Ideen in Bausch und Bogen annehmen oder verwerfen, weder Auseinandersetzung noch Widerspruch dulden, und dass die Einflüsse, die auf sie wirken, den Bereich ihrer Vernunft gänzlich erfüllen und danach streben, sich sogleich in die Tat umzusetzen. Wir haben gezeigt, dass die entsprechend beeinflussten Massen bereit sind, sich für das Ideal zu opfern, das man ihnen suggeriert hat. Wir haben schließlich festgestellt, dass sie nur heftige und extreme Gefühle kennen. Die Zuneigung wird bei ihnen schnell zur Anbetung, und kaum geborene Abneigung wandelt sich in Hass. Diese allgemeinen Merkmale lassen uns die Art ihrer Überzeugungen ahnen.

Die nähere Untersuchung der Überzeugungen der Masse, sowohl in den Zeiten des Glaubens, als in den großen politischen Erhebungen, wie etwa im vorigen Jahrhundert, ergibt, dass diese Überzeugungen stets eine besondere Form aufweisen, die ich nicht besser zu bezeichnen weiß als mit dem Namen religiösen Gefühls.

Dies Gefühl besitzt sehr einfache Kennzeichen: Anbetung eines vermeintlichen höheren Wesens, Furcht vor der Gewalt, die ihm zugeschrieben wird, blinde Unterwerfung unter seine Befehle, Unfähigkeit, seine Glaubenslehren zu untersuchen, die Bestrebung, sie zu verbreiten, die Neigung, alle als Feinde zu betrachten, die sie nicht annehmen. Ob sich ein derartiges Gefühl auf einen unsichtbaren Gott, auf ein steinernes Idol, auf einen Helden oder auf eine politische Idee richtet – sobald es die angeführten Merkmale aufweist, ist es immer religiöser Art. Das Übernatürliche und das Wunderbare sind überall darin wiederzuerkennen. Die Massen umkleiden das politische Bekenntnis oder den siegreichen Anführer, der sie für den Augenblick zur Schwärmerei hinreißt, mit derselben geheimnisvollen Macht.

Nicht nur dann ist man religiös, wenn man eine Gottheit anbetet, sondern auch dann, wenn man alle Kräfte seines Geistes, alle Unterwerfung seines Willens, alles Brennen des Fanatismus dem Dienst einer Macht oder eines Wesens weiht, das zum Ziele und Führer der Gedanken und Handlungen wird.

Mit dem religiösen Gefühl sind gewöhnlich Unduldsamkeit und Fanatismus verbunden. Sie sind unausbleiblich bei allen, die das Geheimnis des irdischen und himmlischen Glückes zu besitzen glauben. Die beiden Eigenschaften sind bei allen in einer Gruppe vereinigten Menschen wiederzufinden, wenn irgendein Glaube sie erhebt. Die Jakobiner der Schreckenstage waren ebenso tief religiös wie die Katholiken der Inquisition, und ihr grausamer Eifer entsprang der gleichen Quelle.

Die Überzeugungen der Massen nehmen die Eigenschaften der blinden Unterwerfung, der grausamen Unduldsamkeit und des Bedürfnisses nach Verbreitung an, die mit dem religiösen Gefühl verbunden sind, so dass man also sagen kann, alle ihre Überzeugungen haben eine religiöse Form. Der Held, dem die Masse zujubelt, ist in der Tat ein Gott für sie. Napoleon war es fünfzehn Jahre lang, und keine Gottheit hat eifrigere Anbeter gehabt; auch sandte keine die Menschen leichter in den Tod. Die Heiden- und Christengötter übten niemals eine vollkommenere Herrschaft über die Seelen aus.

Alle Stifter religiöser und politischer Glaubensbekenntnisse haben sie nur dadurch begründet, dass sie es verstanden, den Massen jene Gefühle des religiösen Fanatismus einzuflößen, die bewirken, dass der Mensch sein Glück in der Anbetung findet, und ihn dazu treiben, sein Leben für sein Idol zu opfern. So war es zu allen Zeiten. In seinem schönen Buch über das römische Gallien macht Fustel de Coulanges darauf aufmerksam, dass das römische Kaiserreich sich keineswegs durch seine Kraft, sondern durch die religiöse Bewunderung erhielt, die es einflößte. »Es wäre in der Geschichte ohne Beispiel«, sagt er mit Recht, »dass eine Regierung, die von der Bevölkerung verabscheut wird, fünf Jahrhunderte gewährt hätte ... Es wäre unerklärlich, dass dreißig Legionen des Kaiserreichs hundert Millionen Menschen zum Gehorsam zwingen konnten.« Sie gehorchten aber nur, weil der Kaiser, der die Größe Roms verkörperte, einmütig als Gott verehrt wurde. Im kleinsten Flecken des Reiches besaß der Kaiser seine Altäre. »In jener Zeit sah man von einem Ende des Reiches bis zum anderen in den Seelen eine neue Religion entstehen, deren Gottheiten die Kaiser selbst waren. Einige Jahre vor dem christlichen Zeitalter errichtete ganz Gallien, welches durch sechzig Städte vertreten wurde, dem Augustus gemeinsam einen Tempel bei Lyon ... Seine Priester, die von der Gesamtheit der gallischen Städte gewählt wurden, waren die führenden Persönlichkeiten des Landes ... Man kann unmöglich dies alles der Furcht und der knechtischen Unterwerfung zuschreiben. Ganze Völker sind nicht knechtisch und sind es nicht drei Jahrhunderte lang. Nicht allein die Höflinge verehrten den Fürsten, sondern Rom; und nicht Rom allein, auch Gallien, Spanien, Griechenland und Asien.«

Heutzutage besitzen die meisten großen Seeleneroberer keine großen Altäre mehr, wohl aber Statuen oder Bilder, und der Kultus, den man mit ihnen treibt, ist von dem früheren nicht erheblich verschieden. Man fängt an, die Philosophie der Geschichte ein wenig zu verstehen, wenn man diesen Angelpunkt der Psychologie der Massen recht begriffen hat. Für die Massen muss man entweder ein Gott sein oder man ist nichts.

Das sind nicht nur abergläubische Anschauungen einer anderen Zeit, die die Vernunft endgültig verscheucht hat. In seinem ewigen Kampf mit der Vernunft wurde das Gefühl nie besiegt. Zwar wollen die Massen die Worte Gottheit und Religion, von denen sie so lange beherrscht wurden, nicht mehr hören, aber zu keiner Zeit sah man sie so viele Bildwerke und Altäre errichten, wie seit einem Jahrhundert. Die Volksbewegung, die unter dem Namen Boulangismus* bekannt wurde, hat bewiesen, wie leicht die religiösen Instinkte der Massen der Erneuerung fähig sind. Damals gab es kein Dorfwirtshaus, in dem nicht das Bild des Helden zu finden war. Man schrieb ihm die Macht zu, allen Ungerechtigkeiten, allen Übeln abzuhelfen, und Tausende von Menschen hätten ihr Leben für ihn hingegeben. Welchen Platz hätte er in der Geschichte eingenommen, wenn sein Charakter mit der Legende Schritt gehalten hätte!

↑ * Der Boulangismus war eine populistische politische Bewegung, die sich zwischen 1888 und 1890 in Frankreich um den General Georges Ernest Boulanger sammelte. Das Programm bestand vor allem aus einer Revision der Verfassung mit Abschaffung der Präsidentschaft und einem Einkammernsystem. Die Exekutive sollte plebiszitär legitimiert werden.

## RELIGION OHNE GOTTHEIT | ATHEISMUS

Auch ist es eine überflüssige Banalität, zu wiederholen, die Massen bedürften einer Religion. Denn alle politischen, religiösen und sozialen Glaubenslehren finden bei ihnen nur Aufnahme unter der Bedingung, dass sie eine religiöse Form angenommen haben, die sie jeder Auseinandersetzung entzieht. Wenn es möglich wäre, die Massen zu bewegen, den Atheismus anzunehmen, so würde er ganz zum unduldsamen Eifer eines religiösen Gefühls und in seinen äußeren Formen bald zu einem Kultus werden.

Ein merkwürdiges Beispiel bietet uns die Entwicklung der kleinen positivistischen Sekte. Sie gleicht jenem Nihilisten, dessen Geschichte der tiefgründige Dostojewskij uns erzählt. Vom Geiste erleuchtet, zerbrach er eines Tages die Bildwerke der Gottheiten und Heiligen, die den Altar seiner Kapelle schmückten, löschte die Kerzen aus und ersetzte, ohne einen Augenblick zu zögern, die zerstörten Bilder durch die Werke einiger atheistischer Philosophen; dann zündete er pietätvoll die Kerzen wieder an. Der Gegenstand seines religiösen Glaubens war ein anderer geworden, aber kann man behaupten, dass sich seine religiösen Gefühle geändert hatten?

Ich wiederhole noch einmal: gewisse historische Ereignisse, und zwar gerade die wichtigsten, kann man nur verstehen, wenn man die Form, welche die Überzeugungen der Massen stets annehmen, in Rechnung stellt. Viele soziale Erscheinungen sollten lieber von Psychologen als von Naturforschern studiert werden. Unser großer Historiker Taine hat die Revolution nur als Naturforscher studiert, und so ist ihm die wirkliche Entwicklung der Ereignisse recht oft verborgen geblieben. Er hat die Tatsachen vorzüglich beobachtet, aber da er die

Massenpsychologie nicht genügend erforscht hatte, konnte sie der berühmte Schriftsteller nicht immer aus den Ursachen erklären. Da die Tatsachen ihn durch ihre Blutigkeit und Wildheit und ihren Anarchismus erschreckten, so erschienen ihm die Helden in dem großen Epos nur als eine Horde epileptischer Wilder, die sich zügellos ihren Trieben hingaben. Die Gewalttaten der Revolution, ihre Metzeleien, ihr Bedürfnis nach Ausbreitung, ihre Kriegserklärung an alle Könige sind nur zu erklären, wenn man bedenkt, dass sie zur Befestigung eines neuen religiösen Glaubens dienten. Die Reformation, die Bartholomäusnacht, die Religionskriege, die Inquisition, die Schreckenstage sind Erscheinungen derselben Art unter dem Einfluss dieser religiösen Gefühle, die notwendig dazu führen, mit Feuer und Schwert alles auszurotten, was sich der Einführung des neuen Glaubens entgegenstellt. Das Verfahren der Inquisition und der Schreckenstage ist das aller wahrhaft Überzeugten; sie wären keine Gläubigen, wenn sie anders verführen.

Umwälzungen gleich jenen, die ich erwähnte, sind nur möglich, wenn die Massenseele sie ins Leben ruft. Die unumschränktesten Gewaltherrscher könnten sie nicht entfesseln. Die Historiker, die uns die Bartholomäusnacht als das Werk eines Königs zeigen, kennen die Psychologie der Massen ebensowenig wie die der Könige. Solche Kundgebungen können nur der Massenseele entspringen. Die unumschränkteste Macht des eigenmächtigsten Herrschers reicht kaum weiter als zu einer geringen Beschleunigung oder Verzögerung des Zeitpunktes. Nicht die Könige haben die Bartholomäusnacht, die Religionskriege verursacht, und nicht Robespierre, Danton oder Saint-Just waren die Urheber der Schreckenstage. Hinter solchen Ereignissen findet man immer wieder die Seele der Massen.

# ZWEITES BUCH: DIE MEINUNGEN UND GLAUBENSLEHREN DER MASSEN

## ÜBERSICHT ZWEITES BUCH

wahren Sinn — Diese Bilder wechseln mit jedem Zeitalter und mit jeder Rasse — Abnutzung der Worte — Beispiele für die außerordentliche Veränderlichkeit der Bedeutung einiger sehr gebräuchlicher Worte — Es ist politisch nützlich, alte Dinge mit neuen Namen zu taufen, wenn die Ausdrücke, mit denen man sie früher bezeichnete, auf die Massen einen ungünstigen Eindruck machen — Der Rasse gemäße verschiedenartige Bedeutung der Worte — Verschiedenartiger Sinn des Wortes ›Demokratie‹ in Europa und Amerika



## 3. Kapitel: Die Führer der Massen und ihre Überzeugungsmittel



## 4. Kapitel: Grenzen der Veränderlichkeit der Grundanschauungen und Meinungen der Massen

den Völkern eine Tugend ist — Die philosophische Sinnwidrigkeit einer Gesamtüberzeugung schadet ihrer Ausbreitung nicht

*§ 2. Die veränderlichen Meinungen der Massen* — Äußerste Veränderlichkeit der Anschauungen, die nicht aus allgemeinen Glaubensüberzeugungen hervorgehen — Scheinbare Veränderungen der Ideen und Überzeugungen in weniger als einem Jahrhundert — Tatsächliche Grenzen dieser Wandlungen — Die Elemente, auf die sich die Veränderung erstreckt — Das Schwinden allgemeiner Glaubensüberzeugungen und die außerordentliche Verbreitung der Presse heutzutage machen die modernen Ansichten immer veränderlicher — Wie die Anschauungen der Massen über die meisten Angelegenheiten zur Gleichgültigkeit neigen — Unfähigkeit der Regierungen, wie ehedem die Anschauungen zu lenken — Die Zersplitterung der Anschauungen verhindert in der heutigen Zeit ihre Tyrannei

# 1. KAPITEL: ENTFERNTE TRIEBKRÄFTE DER GLAUBENSLEHREN UND MEINUNGEN DER MASSEN

WIR HABEN BISHER den geistigen Zustand der Massen studiert. Wir kennen die Art ihres Fühlens, Denkens, Schließens. Nun wollen wir sehen, auf welche Weise ihre Meinungen und Glaubenslehren entstehen und sich verfestigen. Zwei verschiedene Arten von Triebkräften bestimmen diese Meinungen und Glaubenslehren: mittelbare und unmittelbare Triebkräfte.

Die mittelbaren Triebkräfte befähigen die Massen zur Annahme gewisser Überzeugungen und verhindern das Eindringen anderer. Sie bereiten den Boden, auf dem man plötzlich neue Ideen hervorsprießen sieht, deren Kraft und Wirkung Staunen erregen, die aber nur scheinbar plötzlich sind. Der Ausbruch und die Verwirklichung gewisser Ideen bei den Massen zeigen oft eine blitzartige Plötzlichkeit. Doch das ist nur die oberflächliche Wirkung, hinter der man meistens eine lange Vorarbeit suchen muss.

Dieser langen Arbeit, ohne die sie wirkungslos bleiben würden, übergeordnet sind die unmittelbaren Antriebe, die die lebendige Überzeugung der Massen hervorrufen – also der Idee ihre Gestalt geben und sie mit all ihren Folgen entfesseln. Diese unmittelbaren Triebkräfte sind der Anlass für das Auftauchen der Entschlüsse, die eine Gesamtheit zu einer jähen Erhebung führen – durch sie bricht ein Aufruhr los oder wird ein Streik beschlossen, sie bringen durch riesige Stimmenmehrheit einen Menschen zur Macht oder stürzen eine Regierung. Bei allen großen Geschehnissen der Geschichte kann man die ununterbrochene Wirkung dieser beiden Arten von Triebkräften feststellen. Als eins der klarsten Beispiele könnte man die Französische Revolution anführen, deren mittelbare Antriebe die Kritiken der Schriftsteller und die Erpressungen des Adels waren. Die so vorbereitete Massenseele war infolgedessen leicht aufzurütteln durch unmittelbare Antriebe, wie die Ansprachen der Redner und den Widerstand des Hofes gegen unbedeutende Reformen.

Zu den mittelbaren Triebkräften gehören allgemeine Faktoren, die allen Glaubensbekenntnissen und Anschauungen zugrunde liegen, das sind: die Rasse, die Überlieferungen, die Zeit, die Institutionen und die Erziehung.

Wir wollen ihre jeweilige Aufgabe untersuchen.

# § 1. Die Rasse

Als ein Antrieb ersten Ranges ist die Rasse zu betrachten, denn sie ist allein schon viel bedeutender als alle übrigen. Ich habe sie in einer anderen Schrift genügend untersucht und brauche hier nicht ausführlich darauf zurückzukommen. Ich zeigte in jener Schrift, was eine geschichtliche Masse ist und dass, wenn sich ihre Charaktermerkmale gebildet haben, ihre Glaubenslehren, ihre Institutionen, ihre Kunst, kurz, alle ihre Kulturelemente den äußeren Ausdruck ihrer Seele bilden. Die Kraft der Rasse ist so groß, dass kein Element von einem Volk zum anderen übergehen könnte, ohne die tiefgehendsten Umwandlungen zu erfahren.[7] Die Umgebung, die Umstände, die Ereignisse spiegeln die augenblicklichen sozialen Einflüsse wider. Sie können von bedeutender Wirkung sein, aber dieser Einfluss ist stets nur ein augenblicklicher, wenn er im Gegensatz zu den Rasseneinflüssen, d. h. zu der ganzen Ahnenreihe steht.

Wir werden noch in mehreren Kapiteln dieser Arbeit Gelegenheit haben, auf den Einfluss der Rasse zurückzukommen und zu zeigen, dass er stark genug ist, die Sondermerkmale der Massenseele zu beherrschen. Daraus ergibt sich der Umstand, dass die Massen der verschiedenen Länder in ihrem Glauben und Verhalten sehr beträchtliche Unterschiede aufweisen und nicht auf die gleiche Weise zu beeinflussen sind.

---

↑ (7) Da diese Lehre noch sehr neu ist und ohne sie die Geschichte völlig unverständlich bleibt, so habe ich ihrer Darlegung mehrere Kapitel meines Werkes ›Die psychologischen Gesetze der Völkerentwicklung‹ gewidmet. Der Leser wird daraus ersehen, dass, obwohl der Schein trügt, weder die Sprache noch die Religion, noch die Künste, noch irgendein Kulturelement überhaupt unverändert von einem Volk zum anderen übergehen kann.

# § 2. Die Überlieferungen

Die Überlieferungen umfassen die Ideen, Bedürfnisse und Gefühle der Vorzeit. Sie bilden die Einheit der Rasse und lasten mit ihrem ganzen Gewicht auf uns.

Seit die Embryologie den ungeheuren Einfluss der Vergangenheit auf die Entwicklung der Wesen gezeigt hat, haben sich die biologischen Wissenschaften gewandelt, und die historischen werden es auch tun, wenn dieser Gedanke weiter verbreitet sein wird. Noch ist er nicht hinreichend bekannt, und viele Staatsmänner sind damit auf dem Standpunkt der Theoretiker des vergangenen Jahrhunderts stehengeblieben, dass sie glauben, eine Gesellschaft könne mit ihrer Vergangenheit brechen und allein durch die Kraft der Vernunft von Grund auf erneuert werden.

Ein Volk ist ein Organismus, der durch die Vergangenheit geschaffen wurde. Wie alle Organismen kann er sich nur durch langsame Anhäufung von Erbmasse verändern.

Die wahren Führer der Völker sind die Überlieferungen; und wie ich schon mehrmals wiederholte, nur die äußeren Formen verändern sich leicht. Ohne Überlieferung, d. h. ohne Volksseele ist keine Kultur möglich. So bestanden denn auch die beiden großen Aufgaben des Menschen, seit er auf der Welt ist, in der Schaffung eines Netzes von Überlieferungen und in ihrer Zerstörung nach Verbrauch ihrer nützlichen Wirkungen. Keine Kultur ohne beharrende Überlieferungen, ohne ihre langsame Ausschaltung kein Fortschritt. Die Schwierigkeit besteht darin, das richtige Gleichgewicht zwischen Beharrung und Veränderlichkeit zu finden. Diese Schwierigkeit ist ungeheuer. Hat ein Volk durch viele Geschlechter seine Gewohnheiten zu sehr erstarren lassen, so kann es sich nicht mehr ändern und wird, wie China, unfähig zur Vervollkommnung. Selbst gewaltsame Veränderungen bleiben wirkungslos, denn dann werden entweder die zerrissenen Glieder der Kette wieder zusammengeschweißt, und die Vergangenheit nimmt ihre Herrschaft unverändert wieder auf, oder die Bruchstücke bleiben getrennt und dann folgt der Anarchie bald die Entartung.

Es ist also die Aufgabe eines Volkes, die Institutionen der Vergangenheit zu bewahren, indem es sie nur nach und nach verändert. Die Römer im Altertum und die Engländer in der Neuzeit sind fast die einzigen, die sie verwirklicht haben.

Gerade die Massen, und namentlich die Massen, aus denen sich die Klassen zusammensetzen, sind die zähesten Bewahrer der überlieferten Ideen und widersetzen sich am hartnäckigsten ihrem Wechsel. Ich habe bereits auf den konservativen Geist der Massen hingewiesen und gezeigt, dass viele Revolten nur auf eine Veränderung von Worten hinauslaufen. Gegen Ende des 18. Jahrhunderts konnte man angesichts der zerstörten Kirchen, der verjagten oder guillotinierten Priester, der allgemeinen Verfolgung des katholischen Kultus glauben, die alten religiösen Ideen hätten alle Macht eingebüßt; und doch musste nach einigen Jahren infolge allgemeiner Forderungen der abgeschaffte Kultus wieder eingesetzt werden.[8]

Kein Beispiel könnte besser die Macht der Gewohnheit über die Menschenseele zeigen. Die furchtbarsten Idole werden nicht in den Tempeln beherbergt, und die gewalttätigsten Tyrannen wohnen nicht in den Palästen. Sie wären leicht zu stürzen. Aber die unsichtbaren Herren, die unsere Seelen beherrschen, entziehen sich jedem Angriff und geben nur der langsamen Abnutzung durch die Jahrhunderte nach.

---

↑ (8) Der Bericht des alten Konventsmitgliedes Fourcroy, den Taine anführt, ist in dieser Hinsicht sehr klar: »Was man überall von der Feier des Sonntags und dem Kirchenbesuch sieht, beweist, dass die Masse der Franzosen zu den alten Gebräuchen zurückkehren will, und es ist nicht mehr an der Zeit, sich diesem nationalen Hang zu widersetzen. Die große Masse der Menschen braucht Religion, einen Kultus und Priester. Es ist ein Irrtum einiger moderner Philosophen, dem ich selbst verfallen war, an die Möglichkeit einer Bildung zu glauben, die verbreitet genug wäre, um die religiösen Vorurteile zu zerstören: Sie sind für die große Anzahl der Unglücklichen eine Quelle des Trostes ... Man muss daher der Masse des Volkes ihre Priester, ihre Altäre und ihren Kultus lassen.«

# § 3. DIE ZEIT

Einer der wirksamsten Faktoren in den gesellschaftlichen wie in den sozialen Fragen ist die Zeit. Sie ist der wahre Schöpfer und der große Zerstörer. Sie hat die Berge aus Sandkörnern aufgebaut und die winzige Zelle der geologischen Urzeit zur menschlichen Würde erhoben. Die Einwirkung der Jahrhunderte genügt, um jede beliebige Erscheinung umzuformen. Mit Recht sagt man, dass eine Ameise, die Zeit genug hätte, den Montblanc abtragen könnte. Ein Wesen, das die magische Gewalt besäße, die Zeit nach Belieben zu verändern, hätte die Macht, die von den Gläubigen ihren Göttern zugeschrieben wird.

Aber wir haben uns hier nur mit dem Einfluss der Zeit auf die Entstehung der Anschauungen der Massen zu beschäftigen. Unter diesem Gesichtspunkt ist ihre Wirkung ebenfalls ungeheuer. Sie hält die großen Kräfte, wie die der Rasse, die sich nicht ohne sie bilden können, in ihrer Abhängigkeit. Sie lässt alle Glaubenslehren entstehen und absterben. Von ihr empfangen sie ihre Macht, und sie entzieht sie ihnen auch wieder.

Die Zeit bereitet die Meinungen und Glaubensbekenntnisse der Massen vor, d. h. den Boden, auf dem sie keimen. Daraus folgt, dass gewisse Ideen nur zu einer bestimmten Zeit, dann nicht mehr zu verwirklichen sind. Die Zeit häuft unermessliche Überreste von Glaubensbekenntnissen und Gedanken an, denen die Ideen eines Zeitalters entspringen. Sie keimen nicht durch Zufall und Ungefähr. Ihre Wurzeln reichen tief in die Vergangenheit. Wenn sie blühen, so hatte die Zeit ihre Blüte vorbereitet, und um ihren Ursprung zu erfassen, muss man stets zurückgehen. Sie sind Töchter der Vergangenheit und Mütter der Zukunft, stets aber Sklavinnen der Zeit.

So ist denn die Zeit unsere wahre Meisterin, und man braucht sie nur walten zu lassen, um zu sehen, wie alle Dinge sich wandeln. Heute beunruhigen uns die bedrohlichen Ansprüche der Massen, und die Zerstörungen und Umwälzungen, die sie ahnen lassen. Die Zeit allein wird es auf sich nehmen, das Gleichgewicht wieder herzustellen. »Keine Ordnung«, schreibt treffend Lavisse, »wurde an einem Tage gegründet. Die politischen und sozialen Organisationen sind Werke, die Jahrhunderte erfordern; der Feudalismus bestand Jahrhunderte lang formlos und chaotisch, bevor er seine Richtlinien fand; die absolute Monarchie bestand ebenfalls durch Jahrhunderte, bis sie regelrechte Herrschaftsmittel herausbildete, und es gab große Verwirrungen in diesen Übergangszeiten.«

# § 4. Die politischen und sozialen Institutionen

Der Gedanke, Institutionen könnten den Übeln der Gesellschaft abhelfen, der Fortschritt der Nationen sei die Folge der Vervollkommnung der Verfassungen und Regierungen, und die sozialen Umwandlungen könnten sich durch Erlasse vollziehen, dieser Gedanke ist noch ganz allgemein verbreitet. Die Französische Revolution nahm ihn zum Ausgangspunkt, und die sozialen Lehren der Gegenwart stützen sich auf ihn.

Ununterbrochene Erfahrungen konnten diesen fürchterlichen Wahn nicht ernstlich erschüttern. Vergebens haben die Philosophen und Historiker versucht, seine Sinnlosigkeit zu beweisen. Immerhin war es ein Leichtes für sie, zu zeigen, dass alle Institutionen Töchter der Ideen, Gefühle und Sitten sind, und dass diese Ideen, Gefühle und Sitten nicht dadurch umgestaltet werden, dass man die Gesetze umgestaltet. Ein Volk wählt die meisten Institutionen nicht nach Belieben, ebensowenig wie es die Farbe seiner Augen oder Haare wählt. Institutionen und Regierungsformen sind ein Rasseerzeugnis. Weit entfernt davon, die Schöpfer einer Epoche zu sein, sind sie deren Geschöpfe. Die Völker werden nicht nach ihren augenblicklichen Launen, sondern ihrem Charakter gemäß regiert. Die Bildung einer Staatsordnung erfordert Jahrhunderte, und Jahrhunderte braucht es zu ihrer Wandlung. Die Institutionen haben keinen unmittelbaren Wert, sie sind an sich weder gut noch schlecht. Zu einer bestimmten Zeit können sie für ein bestimmtes Volk gut und für ein anderes grundschlecht sein.

Ein Volk hat also keineswegs die Macht, seine Institutionen wirklich zu verändern. Gewiss kann es um den Preis gewaltsamer Revolutionen ihre Namen ändern, aber der Kern bleibt derselbe. Die Namen sind nur leere Etiketten, die ein Historiker, der sich mit dem wahren Wert der Dinge befasst, nicht in Rechnung zu ziehen braucht. So ist England[9] das demokratischste Land der Welt, obwohl es eine monarchistische Regierung hat, während in den spanisch-amerikanischen Republiken trotz ihrer demokratischen Verfassung die härteste Despotie herrscht. Nicht die Regierung, sondern der Charakter der Völker bestimmt ihre Schicksale. Diese Wahrheit habe ich in einer früheren Arbeit mit Hilfe bestimmter Beispiele zu begründen versucht.

Es ist also ein kindisches Unterfangen, eine zwecklose rhetorische Übung, die Zeit mit der Anfertigung von Verfassungen zu vergeuden. Die Notwendigkeit und die Zeit übernehmen ihre Ausarbeitung, wenn man sie nur walten lässt. Der große Historiker Macaulay zeigt in einem Satz, der von den Politikern aller lateinischen Länder auswendig gelernt werden müsste, dass die Angelsachsen es so machten. Nachdem er die scheinbaren Wohltaten der Gesetze, vom Standpunkt der reinen Vernunft ein Chaos von Unsinnigkeiten und Widersprüchen, angeführt hat, vergleicht er die Dutzenden von Verfassungen, die in den Erschütterungen der lateinischen Völker Europas und Amerikas untergegangen sind, mit der Verfassung Englands und zeigt, dass diese sich nur äußerst langsam, stückweise, unter dem Einfluss unmittelbarer Notwendigkeit veränderte, aber niemals durch berechnete Vernunftgründe. »Sich nie um die Anordnung, wohl aber um die Nützlichkeit kümmern, nie eine Ausnahme beseitigen, nur weil es eine Ausnahme ist, nie eine Neuerung einführen, es sei denn, es mache sich eine Unzuträglichkeit fühlbar, und auch dann nur gerade so viel erneuern, dass diese Unzuträglichkeit abgestellt wird, nie einen Antrag stellen, der über den Einzelfall, den man behandelt, hinausgeht: Das sind die Regeln, die seit den Zeiten Johannes bis zum Zeitalter Viktorias unsere 250 Parlamente allgemein geleitet haben.«

Man müsste die Gesetze und Institutionen eines jeden Volkes eins nach dem anderen vornehmen, um zu zeigen, in welchem Maße sie der Ausdruck der Bedürfnisse ihrer Rasse und deshalb nicht gewaltsam umzuwandeln sind. Man kann sich mit den

Vorteilen und Übelständen der Zentralisation philosophisch auseinandersetzen, wenn wir aber sehen, wie ein Volk, das aus verschiedenen Rassen besteht, tausendjährige Anstrengungen macht, um Schritt für Schritt diese Zentralisation zu erreichen, wenn wir feststellen, dass eine große Revolution, deren Ziel die Zertrümmerung aller Institutionen der Vergangenheit war, sich genötigt sah, diese Zentralisation nicht allein anzuerkennen, sondern sogar zu übertreiben, so können wir sagen, sie ist das Ergebnis gebieterischer Notwendigkeiten, eine unmittelbare Folge des Daseins, und können nur den Mangel an Weitblick bei den Politikern, die von ihrer Aufhebung reden, beklagen. Wenn durch einen Zufall ihre Meinung siegte, so wäre dieser Erfolg das Signal zu einer tiefgreifenden Anarchie[10], die obendrein zu einer viel drückenderen Zentralisation als der früheren führen würde.

Aus dem Vorstehenden ist zu schließen, dass man in den Institutionen nicht das Mittel zu suchen hat, die Seelen der Massen nachhaltig zu bewegen. Gewisse Länder mit demokratischen Institutionen, wie die Vereinigten Staaten, blühen wunderbar auf, während andere, wie die spanisch-amerikanischen Republiken, trotz durchaus ähnlicher Institutionen, in der traurigsten Anarchie dahinleben. Diese Institutionen haben ebensowenig mit der Größe der einen wie mit dem Niedergang der anderen zu tun.

Die Völker werden immer von ihrem Charakter beherrscht, und alle Institutionen, die sich diesem Charakter nicht innig anschmiegen, sind nichts als ein ausgeliehenes Gewand, eine vorübergehende Verkleidung. Gewiss hat es blutige Kriege und gewaltige Revolutionen gegeben, um Institutionen einzuführen, denen man wie den Reliquien der Heiligen die übernatürliche Macht zuschreibt, das Glück hervorzuzaubern. In gewissem Sinne könnte man sagen: Institutionen wirken auf die Massenseele, da sie solche Erhebungen verursachen. In Wahrheit sind es nicht die Institutionen, die so wirken, denn wir wissen, dass sie siegend oder besiegt, an sich keinerlei Wert besitzen. Wenn wir ihren Siegeszug verfolgen, verfolgen wir nur Täuschungen.

––––––––––––––––

↑ (9) Das erkennen, selbst in den Vereinigten Staaten, die entschiedensten Republikaner. Die amerikanische Zeitung ›Forum‹ gibt dieser Meinung, die ich nach der ›Review of Reviews‹ vom Dezember 1894 wiedergebe, bestimmten Ausdruck: »Selbst die glühendsten Feinde der Aristokratie dürfen nie vergessen, dass heute England das demokratischste Land der Erde ist, in dem die Rechte des Einzelnen am meisten geachtet werden und die Einzelnen die meiste Freiheit besitzen.«

↑ (10) Wenn man die tiefgehenden religiösen und politischen Uneinigkeiten, welche die verschiedenen Gebiete Frankreichs trennen, mit den separatistischen Tendenzen vergleicht, die in der Revolutionszeit auftraten und sich von Neuem gegen Ende des deutsch-französischen Krieges zeigten, so sieht man, dass die verschiedenen Rassen, die auf unserem Boden leben, noch lange nicht miteinander verschmolzen sind. Die kraftvolle Zentralisation und die Schaffung künstlicher Departements zum Zweck der Vermischung der früheren Provinzen, waren gewiss das nützlichste Werk der Revolution. Könnte die Dezentralisation, von der heute kurzsichtige Geister so viel reden, bewerkstelligt werden, so würde sie unfehlbar zu den blutigsten Kämpfen führen. Das zu verkennen, heißt unsere Geschichte völlig vergessen.

# § 5. Unterricht und Erziehung

An erster Stelle unter den herrschenden Gedanken unserer Zeit steht die Idee, der Unterricht habe den bestimmten Erfolg, die Menschen zu bessern und sogar einander ähnlich zu machen. Nur durch seine Wiederholung ist dieser Satz schließlich zu einem der unerschütterlichsten Sätze der Demokratie geworden. Er ist ebenso unantastbar geworden, wie einst die Dogmen der Kirche.

Aber in diesem Punkt, wie in so vielen anderen, stehen die Ideen der Demokratie in schärfstem Gegensatz zu den Ergebnissen der Psychologie und der Erfahrung. Mehrere hervorragende Philosophen, besonders Herbert Spencer, konnten leicht beweisen, dass der Unterricht den Menschen weder sittlicher noch glücklicher macht, dass er die Instinkte und Leidenschaften des Menschen nicht ändert und, schlecht geleitet, oft mehr Schaden als Nutzen bringt. Die Statistiker bestätigen diese Ansicht, indem sie zeigen, dass die Kriminalität mit der Verbreitung des Unterrichts oder wenigstens einer gewissen Art des Unterrichts zunimmt; dass die ärgsten Feinde der Gesellschaft, die Anarchisten, oft aus den Besten der Schule hervorgehen. Ein hoher Justizbeamter, Adolphe Guillot, berichtet, dass man jetzt dreitausend gebildete auf tausend ungebildete Verbrecher rechnen kann, und dass innerhalb fünfzig Jahren das Verbrechertum von 227 auf 552 von hunderttausend Einwohnern gestiegen ist, was einen Zuwachs von 133 Prozent bedeutet. Er hat auch, in Übereinstimmung mit seinen Kollegen, festgestellt, dass die Kriminalität besonders bei den jungen Leuten zunimmt, bei denen die unentgeltliche Pflichtschule an die Stelle des Lehrherrn getreten ist.

Gewiss hat niemals jemand behauptet, dass gut geleiteter Unterricht keine praktischen, sehr nützlichen Ergebnisse haben könnte, wenn auch nicht in sittlicher Hinsicht, so doch in Bezug auf die Entfaltung der beruflichen Fähigkeiten. Leider haben, besonders seit dreißig Jahren, die lateinischen Völker ihre Unterrichtsformen auf ganz falschen Voraussetzungen aufgebaut und beharren trotz der Beobachtungen der hervorragendsten Köpfe in ihren bedauerlichen Irrtümern. Ich selbst habe in verschiedenen Schriften[11] gezeigt, dass unsere gegenwärtige Erziehung die Mehrzahl derer, denen sie zuteil wurde, in Feinde der Gesellschaft verwandelt, die vielfach die Gefolgschaft der schlimmsten Formen des Sozialismus bilden.

Die erste Gefahr dieser Erziehung, die treffend als lateinisch gekennzeichnet wird, beruht auf einem psychologischen Grundirrtum, sich einzubilden, die Intelligenz entwickle sich durch Auswendiglernen von Lehrbüchern. Ferner bemüht man sich, soviel als möglich zu lehren, und von der Volksschule bis zur Doktor- oder Staatsprüfung hat der junge Mann sich nur mit dem Inhalt von Büchern vollzustopfen, ohne jemals sein Urteil oder seine Entschlusskraft zu üben. Der Unterricht besteht für ihn im Hersagen und Gehorchen. »Aufgaben lernen, eine Grammatik oder einen Abriss auswendig wissen, gut wiederholen, gut nachmachen«, schreibt der ehemalige Unterrichtsminister Jules Simon, »das ist eine komische Erziehung, bei der jede Anstrengung nur ein Beweis des Glaubens an die Unfehlbarkeit des Lehrers ist und dazu führt, uns herabzusetzen und unfähig zu machen.«

Wäre diese Erziehung nur nutzlos, so könnte man sich damit begnügen, die unglücklichen Kinder zu bedauern, denen man statt vieler notwendiger Dinge lieber die Genealogie der Söhne Chlotars, die Kämpfe zwischen Neustrien und Austrasien oder zoologische Einteilungen beibringt. Aber sie bildet eine viel ernstere Gefahr, sie bewirkt bei dem, der sie genossen hat, einen heftigen Widerwillen gegen die Verhältnisse, in denen er geboren ist, und den nachdrücklichen Wunsch, aus ihnen herauszukommen. Der Arbeiter will nicht mehr Arbeiter, der Bauer nicht mehr Bauer bleiben, und der letzte Kleinbürger sieht für seine Söhne keine andere Möglichkeit als die Laufbahn eines fest besoldeten Staatsbeamten. Anstatt die Menschen für das Leben vorzubereiten, bereitet die Schule sie nur für öffentliche Ämter vor, in denen man ohne einen Schimmer von Tatkraft Erfolg haben kann. Sie erzeugt am Fuße der sozialen Leiter die proletarischen Heere, die mit ihrem Los unzufrieden und stets zum Aufstand bereit sind; oben aber unsere leichtfertige, zugleich skeptische und gläubige Bourgeoisie, mit ihrem übertriebenen Vertrauen zur Staatsvorsehung, die sie gleichwohl unaufhörlich beschimpft, weil sie stets ihre eigenen Fehler der Regierung zuschiebt und unfähig ist, ohne die Vermittlung der Obrigkeit etwas zu unternehmen.

Der Staat kann nur eine kleine Anzahl der Anwärter verwenden, die er mit Hilfe von Handbüchern fabriziert und dafür auszeichnet, und lässt die anderen ohne Beschäftigung. Er muss sich also dareinfinden, die ersten zu ernähren und die anderen zu Feinden zu haben. Von der Spitze bis zum Fuß der sozialen Pyramide belagert heute das riesige Heer der Anwärter die verschiedenen Ämter. Ein Kaufmann findet schwer einen Stellvertreter in den Kolonien, aber es gibt Tausende von Kandidaten, die sich um die bescheidensten öffentlichen Stellungen bemühen. Das Seinedepartement allein zählt zwanzigtausend beschäftigungslose Lehrer und Lehrerinnen, die Feld und Werkstatt verachten und sich an den Staat wenden, um leben zu können. Da die Zahl der Auserwählten beschränkt ist, so muss notwendigerweise die der Unzufriedenen ungeheuer groß sein. Sie sind zu allen Revolutionen bereit, gleichgültig

unter welchem Führer und zu welchen Zielen. Der Erwerb
unnützer Kenntnisse ist ein sicheres Mittel, einen Menschen
zum Empörer zu machen[12].

---

↑ (11) Vgl. ›Psychologie des Sozialismus‹; ›Psychologie der Erziehung‹.

↑ (12) Übrigens ist dies nicht nur eine besondere Erscheinung bei den
lateinischen Völkern, man kann sie auch in China feststellen, das
ebenfalls von einer festen Hierarchie von Mandarinen geleitet wird,
und wo das Mandarinat wie bei uns auf dem Wege von Prüfungen
erlangt wird, deren einziges Erfordernis das fehlerlose Hersagen
dicker Lehrbücher ist. Das Heer beschäftigungsloser Gelehrter wird
heute in China für ein wahres Nationalunglück gehalten. Auch in
Indien hat sich, seitdem die Engländer dort Schulen gegründet, um
die Eingeborenen zu belehren, nicht um sie zu erziehen, eine
besondere Klasse von Gelehrten, die der Babus, gebildet, die zu
unversöhnlichen Feinden der englischen Macht werden, wenn es
ihnen nicht gelingt, eine Anstellung zu erhalten. Die erste Wirkung
des Unterrichts bei allen Babus, ob angestellt oder ohne Beschäftigung, war ein außerordentliches Sinken ihrer Sittlichkeit. Ich habe
diesen Punkt in meinem Buch ›Die Kulturen Indiens‹ ausführlich
behandelt. Alle Autoren, die die Halbinsel besuchten, haben das
ebenfalls festgestellt.

## DER KLASSISCHE UND DER BERUFSMÄSSIGE UNTERRICHT

Es ist offenbar zu spät, sich einer solchen Strömung entge-
genzustemmen. Die Erfahrung allein, die letzte Lehrmeisterin
der Völker, wird es übernehmen, uns unsern Irrtum zu zeigen.
Sie allein wird mächtig genug sein, uns die Notwendigkeit des
Ersatzes unserer abscheulichen Lehrbücher, unserer kläglichen
Prüfungen durch einen berufsmäßigen Unterricht zu beweisen,
der die Jugend befähigt, zu den Feldern, zu den Werkstätten, zu
den kolonialen Unternehmungen zurückzukehren, die heute
verlassen sind. Diesen berufsmäßigen Unterricht, den alle
aufgeklärten Geister jetzt fordern, empfingen einst unsere
Väter, und die Völker, die heute die Welt durch ihren Willen,
ihre Tatkraft, ihren Unternehmungsgeist beherrschen, haben ihn
sich zu bewahren gewusst. Auf bemerkenswerten Seiten seiner
Bücher, deren wesentlichste Stellen ich später anführen werde,
hat Taine klar gezeigt, dass unsere Erziehung einst ungefähr so
war wie heute die englische oder amerikanische Erziehung, und

er hat durch einen bedeutenden Vergleich zwischen dem lateinischen und angelsächsischen System die Folgen der beiden Erziehungsmethoden ins hellste Licht gerückt. Vielleicht könnte man noch alle Unzuträglichkeiten unserer klassischen Bildung hinnehmen, selbst wenn sie nur Entwurzelte und Unzufriedene heranbildete, wenn nur der oberflächliche Erwerb so vieler Kenntnisse und das lückenlose Hersagen so vieler Lehrbücher die Voraussetzungen der Intelligenz heben würde. Ist das aber wirklich der Fall? Ach nein! Urteil, Erfahrung, Tatkraft und Charakter sind die Bedingungen des Erfolges im Leben, sie sind nicht aus Büchern zu lernen. Bücher sind nützliche Nachschlagewerke, aber es ist durchaus unnütz, lange Teilstücke daraus im Kopf abzuspeichern.

Dass der berufspraktische Unterricht die Intelligenz in einem Maße entwickelt, das der klassische Unterricht nie erreicht, hat Taine sehr gut in folgenden Zeilen gezeigt: »Die Ideen bilden sich nur in ihrer natürlichen und regelrechten Umgebung. Ihre Keime werden durch die unzähligen Wahrnehmungseindrücke genährt, die der junge Mensch täglich in der Werkstatt, im Bergwerk, beim Gericht, im Arbeitszimmer, auf der Schiffswerft, im Krankenhaus, beim Anblick der Werkzeuge, Betriebsstoffe und Unternehmungen, in Gegenwart der Kunden, der Arbeiter, der Arbeit, des gut oder schlecht ausgeführten, kostspieligen oder gewinnbringenden Unternehmens empfängt. Das sind die kleinen Sonderwahrnehmungen der Augen, des Ohres, der Hände und sogar des Geruchs, die unwillkürlich empfangen und unbewusst verarbeitet werden und sich in ihm ordnen, so dass sie ihm früher oder später die und die neue Verbindung, Vereinfachung, Ersparnis, Vervollkommnung oder Erfindung eingeben. All dieser wertvollen Verbindungen, all dieser für seine Entwicklung förderlichen, unentbehrlichen Möglichkeiten ist der junge Franzose beraubt, und zwar gerade im fruchtbaren Alter: Sieben oder acht Jahre ist er in einer Schule eingesperrt, fern von unmittelbarer eigener Erfahrung, die ihm einen genauen und lebendigen Begriff von den Dingen, den Menschen und den verschiedenen Umgangsformen gegeben hätte.«

»... Wenigstens neun von zehn haben ihre Zeit und ihre Mühe, mehrere Jahre ihres Lebens, und zwar fruchtbare, wichtige, ja entscheidende Jahre, verloren: man rechne zunächst die Hälfte oder zwei Drittel derer, die zur Prüfung gehen, ab – ich meine die Durchgefallenen; ferner von den Zugelassenen, Geprüften und Ausgezeichneten noch die Hälfte oder zwei Drittel, nämlich die Überarbeiteten. Man hat ihnen zu viel zugemutet, wenn man von ihnen verlangte, an einem bestimmten Tage auf einem Stuhl oder vor einer Tafel zwei Stunden lang für eine Menge von Wissenschaften zum lebenden Nachschlagewerk alles menschlichen Wissens zu dienen.

Tatsächlich sind sie es an diesem Tage zwei Stunden lang wirklich oder beinahe gewesen, aber einen Monat später sind sie es nicht mehr. Sie könnten die Prüfung nicht wieder bestehen; ihre Gedächtnis-Errungenschaften sind zu zahlreich und drückend und entgleiten unaufhörlich ihrem Geist, und sie machen keine neuen. Ihre Geisteskraft hat nachgelassen, der befruchtende Saft ist vertrocknet, der erwachsene Mensch kommt zum Vorschein, und oft ist es der fertige Mensch.

Ist der in seinem Beruf und verheiratet, so ergibt er sich drein, sich im Kreise und für unabsehbare Zeit immer in demselben Kreise zu bewegen, er verschanzt sich hinter seinem beschränkten Amt, das er fehlerlos ausfüllt, ohne das Geringste darüber hinaus zu tun. Das ist das Durchschnittsergebnis; der Ertrag wiegt die Unkosten bestimmt nicht auf. In England und Amerika, wo man, wie ehemals, vor 1789 auch bei uns in Frankreich, den umgekehrten Prozess durchmachte, ist der Ertrag ebenso groß oder größer.«

Der hervorragende Historiker zeigt uns dann den Unterschied zwischen unserm und dem angelsächsischen System. Dort geschieht die Ausbildung nicht durch das Buch, sondern durch die Sache selbst. Der Techniker z. B. bildet sich in einer Fabrik, nie in einer Schule. Jeder kann genau den Grad erreichen, der seiner Intelligenz entspricht, als Arbeiter oder Werkmeister, wenn er nicht weiterkann, als Ingenieur, wenn es seine Fähigkeiten zulassen. Das Verfahren ist für die ganze Gesellschaft demokratischer und nützlicher, als wenn man die Laufbahn eines Menschen von einer mehrstündigen Prüfung abhängig macht, die er im Alter von achtzehn bis zwanzig Jahren abzulegen hat.

»Im Krankenhaus, im Bergwerk, in der Fabrik, beim Architekten, beim Anwalt macht der in jungen Jahren zugelassene Schüler seine Lehr- und Probezeit durch, ungefähr wie bei uns ein Schreiber in einem Büro oder ein Malerlehrling in der Werkstatt. Vorher und bis zu seinem Eintritt konnte er nur ein paar allgemeine, kurze Kurse besuchen, um einen geeigneten Rahmen zu haben, dem er die Beobachtungen, die er jeden Augenblick macht, einfügen kann. Je nach Fähigkeit hat er in seiner freien Zeit meist Gelegenheit, einige technische Kurse zu besuchen, um seine Erfahrungen je nach deren Stand zu verknüpfen.

Bei einer derartigen Ausbildung wächst und entwickelt sich die praktische Fähigkeit von selbst bis zu dem Grade, den die Anlagen des Schülers erreichen können, und in der Richtung, die seine künftige Tätigkeit, die besondere Arbeit, der er sich von nun an widmen will, erfordert. Auf diese Weise kommt in England und in den Vereinigten Staaten der junge Mann rasch dazu, alles, was in ihm ist, aus sich herauszuholen. Mit fünfundzwanzig Jahren und, wenn ihm die Voraussetzungen dazu nicht fehlen, noch früher ist er ein nützlicher Arbeiter oder sogar ein selbständiger Unternehmer, nicht nur ein Getriebe, sondern mehr: ein Antrieb. – In Frankreich, wo der umgekehrte Ausbildungsgang geherrscht hat und mit jeder Generation chinesischer wird, ist die Summe der verlorenen Kräfte unermesslich groß.«

Und der bedeutende Philosoph gelangt zu folgendem Ergebnis über das zunehmende Missverhältnis zwischen unserer lateinischen Erziehung und dem Leben:

»Auf allen drei Stufen des Unterrichts, der der Kindheit, des Knaben- und des Jünglingsalters, ist die theoretische Vorbereitung auf der Schulbank und aus Büchern verlängert und überbürdet worden, im Hinblick auf die Prüfung, den akademischen Grad, das Diplom und das Patent, und durch die schlechten Mittel, die Anwendung eines unnatürlichen und antisozialen Bildungsganges, die übermäßige Hinausschiebung der praktischen Lehre, durch das Internat, den künstlichen Drill und die mechanische Gedächtnisüberfüllung, durch Überarbeitung ohne Rücksicht auf die Zukunft, das Mannesalter und die Pflichten des Mannes, die er bald üben muss, durch Vernachlässigung der wirklichen Welt, in die der junge Mensch bald eintreten wird, der Gesellschaft, die ihn umgibt, der er sich anpassen muss, will er nicht von vornherein verzichten, des menschlichen Daseinskampfes, für den er zu seiner Verteidigung und um sich zu halten im voraus gerüstet und gewappnet, geübt, abgehärtet sein muss. Diese unentbehrliche Ausrüstung, diese Errungenschaft, die wichtiger ist als alle anderen, diese Tüchtigkeit des gesunden Menschenverstandes, des Willens und der Nerven: in unseren Schulen wird sie nicht gewonnen. Ganz im Gegenteil: statt den Menschen tüchtiger zu machen, machen sie ihn untüchtig für seine nächste und künftige Stellung. Daher sind nach dem Verlassen der Schule sein Eintritt in die Welt und seine ersten Schritte auf dem Felde des praktischen Wirkens nichts als eine Reihe schmerzlicher Niederlagen, aus denen er verwundet und für lange Zeit zermürbt, verkrüppelt hervorgeht. Es ist eine harte und gefährliche Probe, bei der das geistige und sittliche Gleichgewicht erschüttert wird und Gefahr läuft, nicht wiederhergestellt zu werden. Die Enttäuschung kam zu jäh und zu vollständig, der Betrug war zu groß und der Ekel zu stark.[13]

Sind wir im vorstehenden von der Massenpsychologie abgewichen? Gewiss nicht. Wenn wir die Ideen und Glaubensmeinungen, die heute in ihr keimen und morgen aufgehen werden, verstehen wollen, so müssen wir wissen, wie der Boden dafür vorbereitet wurde. Der Unterricht, den die Jugend eines Landes genießt, erlaubt uns, die Schicksale dieses Landes ein wenig vorauszusehen. Die Erziehung, die der heutigen Generation zuteil wird, rechtfertigt die düstersten Ahnungen. Hand in Hand mit dem Unterricht und der Erziehung veredelt sich die Massenseele oder verdirbt. Es war daher notwendig, zu zeigen, wie das gegenwärtige System sie geformt hat und wie die Masse der Unbeteiligten und Gleichgültigen allmählich zu einem riesigen Heer Unzufriedener wurde, das bereit ist, allen Einflüssen der Weltverbesserer und Redner zu folgen. Die

Schule bildet heute Unzufriedene und Anarchisten und bereitet für die lateinischen Völker die Zeiten des Niedergangs vor.

---

↑ (13) Taine, Le régime moderne II, 1894. – Es sind fast die letzten Seiten, die Taine schrieb. Sie fassen die Ergebnisse der langen Erfahrungen des großen Denkers ausgezeichnet zusammen. Die Erziehung ist unser einziges Mittel, die Seele eines Volkes ein wenig zu beeinflussen, und der Gedanke ist tieftraurig, dass es fast niemand in Frankreich gibt, der zu begreifen vermag, dass unser gegenwärtiger Unterricht eine furchtbare Ursache der Entartung ist. Anstatt die Jugend zu erheben, erniedrigt und verdirbt er sie.

# 2. KAPITEL:
# UNMITTELBARE TRIEBKRÄFTE DER ANSCHAUUNGEN DER MASSEN

WIR HABEN DIE MITTELBAREN und vorbereitenden Triebkräfte festgestellt, die der Massenseele besondere Empfänglichkeit verleihen, indem sie das Aufblühen gewisser Gefühle und Ideen bei den Massen ermöglichen. Jetzt haben wir noch die Triebkräfte zu untersuchen, die eine unmittelbare Handlung bewirken können. Im nächsten Kapitel werden wir dann sehen, wie diese Triebkräfte zu benutzen sind, damit sie all ihre Wirkungen erzielen können.

Der erste Teil dieses Werkes behandelte die Gefühle, Ideen und Überzeugungen von Gesamtheiten (collectivités). Aus ihrer Kenntnis kann man offenbar die Mittel, die Massenseele zu beeinflussen, in allgemeiner Weise feststellen. Wir wissen bereits, was auf die Einbildungskraft der Massen Eindruck macht, kennen die Macht der Übertragung von Beeinflussungen, besonders jenen, die in bildhafter Form auftreten. Da aber die möglichen Beeinflussungen ganz verschiedenen Ursprung haben, so können auch die Faktoren, die auf die Massen zu wirken vermögen, recht verschieden sein; man muss sie daher gesondert untersuchen. Die Massen sind so etwas wie die Sphinx der antiken Sage: Man muss die Fragen, die ihre Psychologie uns stellt, lösen oder darauf gefasst sein, von ihnen verschlungen zu werden.

# § 1. Bilder, Worte und Redewendungen

Beim Studium der Einbildungskraft der Massen fanden wir, dass sie namentlich durch Bilder erregt wird. Diese Bilder stehen einem nicht immer zur Verfügung, aber man kann sie durch geschickte Anwendung von Worten und Redewendungen hervorrufen. Werden sie kunstgerecht angewandt, so besitzen sie wirklich die geheimnisvolle Macht, die ihnen einst die Adepten der Magie zuschrieben. Sie rufen in der Massenseele die furchtbarsten Stürme hervor und können sie auch besänftigen. Man könnte allein aus den Knochen der Menschen, die der Macht der Worte und Redewendungen zum Opfer fielen, eine höhere Pyramide als die des alten Cheops erbauen.

Die Macht der Worte ist mit den Bildern verbunden, die sie hervorrufen, und völlig unabhängig von ihrer wahren Bedeutung. Worte, deren Sinn schwer zu erklären ist, sind oft am wirkungsvollsten. So z. B. die Ausdrücke Demokratie, Sozialismus, Gleichheit, Freiheit u. a., deren Sinn so unbestimmt ist, dass dicke Bände nicht ausreichen, ihn festzustellen. Und doch knüpft sich eine wahrhaft magische Macht an ihre kurzen Silben, als ob sie die Lösung aller Fragen enthielten. In ihnen ist die Zusammenfassung der verschiedenen unbewussten Erwartungen und der Hoffnung auf ihre Verwirklichung lebendig.

Mit Vernunft und Beweisgründen kann man gewisse Worte und Redewendungen nicht bekämpfen. Man spricht sie mit Andacht vor den Massen aus, und sogleich werden die Mienen ehrfurchtsvoll, und die Köpfe neigen sich. Viele sehen in ihnen Naturkräfte oder übernatürliche Mächte. Sie rufen in den Seelen großartige und unbestimmte Bilder hervor, aber eben das Unbestimmte, das sie verwischt, vermehrt ihre geheimnisvolle Macht. Sie lassen sich mit jenen furchtbaren Gottheiten vergleichen, die hinter dem Allerheiligsten verborgen sind und denen der Andächtige nur mit Zittern naht.

Da die Bilder, die durch die Worte hervorgerufen werden, unabhängig sind von ihrem Sinn, so wandeln sie sich von Zeitalter zu Zeitalter, von Volk zu Volk, während die Formeln dafür die gleichen bleiben. Mit bestimmten Worten verbinden sich zeitweilig bestimmte Bilder: das Wort ist nur der Klingelknopf, der sie hervorruft.

Nicht alle Worte und Redewendungen besitzen die Macht, Bilder hervorzurufen, und es gibt solche, die sich danach abnutzen und in der Seele nichts mehr hervorrufen. Sie bleiben dann leerer Schall, dessen Hauptnutzen darin besteht, allen, die von ihnen Gebrauch machen, das Denken zu ersparen. Mit einem kleinen Vorrat von Redewendungen und Gemeinplätzen, die wir in der Jugend erlernten, besitzen wir alles Nötige, um ohne die ermüdende Notwendigkeit, nachdenken zu müssen, durchs Leben zu gehen.

Betrachtet man eine bestimmte Sprache, so sieht man, dass sich die Worte, aus denen sie sich zusammensetzt, im Laufe der Zeit nur ziemlich langsam verändern. Aber unaufhörlich verändern sich die Bilder, die sie hervorrufen, oder der Sinn, den man ihnen unterlegt. Und in einer anderen Arbeit bin ich daher zu dem Schluss gekommen, dass die genaue Übersetzung einer Sprache, besonders einer toten Sprache, völlig unmöglich ist. Was tun wir denn in Wirklichkeit, wenn wir einen französischen Ausdruck ins Lateinische, Griechische oder Sanskrit übertragen wollen, oder selbst wenn wir nur versuchen, ein Buch zu verstehen, das vor einigen Jahrhunderten in unserer eigenen Sprache geschrieben wurde? Wir übertragen einfach die Bilder und Vorstellungen, die das moderne Leben in unserem Verstand erzeugt hat, auf die völlig verschiedenen Begriffe und Bilder, die das antike Leben in der Seele von Rassen hervorbrachte, deren Lebensbedingungen keine Ähnlichkeit mit den unsrigen zeigen.

Die Menschen der Revolutionszeit glaubten die Griechen und Römer nachzuahmen und gaben nur den alten Worten einen Sinn, den sie niemals gehabt hatten. Welche Ähnlichkeit könnte zwischen den Institutionen der Griechen und solchen bestehen, die heute mit gleichlautenden Worten bezeichnet werden? Was war eine Republik damals anderes als eine wesentlich aristokratische, aus einer Vereinigung kleiner Despoten gebildete Einrichtung, die eine versklavte, in völliger Abhängigkeit gehaltene Masse beherrschte? Diese kommunalen Aristokratien, die sich auf Sklaverei gründeten, hätten nicht einen Augenblick ohne sie bestehen können.

Und wie könnte das Wort Freiheit für ein Zeitalter, das die Gedankenfreiheit noch nicht einmal ahnte und keinen größeren und überdies selteneren Frevel kannte, als über die Götter, die Gesetze und die Sitten der Bürgerschaft zu streiten, dieselbe Bedeutung haben wie für uns? Das Wort Vaterland bedeutete in der Seele eines Atheners oder Spartaners die Verehrung Athens oder Spartas, keineswegs aber Griechenlands, das aus vielen Stadtstaaten bestand, die sich fortwährend bekriegten und miteinander wetteiferten. Welche Bedeutung hatte dasselbe Wort bei den wetteifernden Stämmen von verschiedener Rasse, Sprache und Religion des alten Galliens, die Cäsar so leicht besiegte, weil er unter ihnen stets Verbündete hatte? Rom allein verlieh Gallien ein Vaterland, indem es ihm die politische und religiöse Einheit gab. Doch man braucht gar nicht so weit zurückzugehen, knapp zwei Jahrhunderte genügen: Glaubt man, das Wort Vaterland sei von den französischen Prinzen, die sich wie der große Condé mit dem Feinde gegen ihren eigenen Herrscher verbanden, in seiner jetzigen Bedeutung verstanden worden? Und hatte dasselbe Wort für die Emigranten nicht noch einen ganz anderen Sinn als heutzutage? Sie glaubten den Gesetzen der Ehre zu gehorchen, wenn sie Frankreich bekämpften, und gehorchten ihnen damit tatsächlich von ihrem Gesichtspunkt aus, da das Lehnsgesetz den Vasallen dem Lehnsherrn verband und nicht dem Lande, und dort, wo sich der Herr befand, auch das wahre Vaterland war.

Unzählige Worte haben so ihre Bedeutung im Laufe der Zeit entscheidend geändert. Wir können nur noch mit großer Mühe ihre frühere Bedeutung verstehen. Man muss viel lesen, hat man mit Recht gesagt, um nur zu begreifen, was in den Augen unserer Großeltern Worte wie »der König« und »die königliche Familie« bedeuteten. Wie steht es da erst mit schwierigeren Ausdrücken!

Die Worte haben also nur veränderliche und vergängliche Bedeutungen, die mit den Zeiten und Völkern wechseln. Wollen wir durch sie auf die Massen wirken, so müssen wir den Sinn kennen, den sie für die Massen im gegebenen Augenblick haben, nicht aber jenen, den sie einst besaßen oder den sie für Persönlichkeiten von ganz besonderer geistiger Beschaffung haben können. Worte sind ebenso lebendig wie Ideen.

Wenn also die Massen infolge politischer Umwälzungen oder nach einem Glaubenswechsel einen tiefen Widerwillen gegen die Bilder haben, die durch bestimmte Worte ausgelöst werden, so ist es die erste Aufgabe des wahren Staatsmannes, die Bezeichnungen zu ändern, ohne – wohlgemerkt – an die Dinge selbst zu rühren, da diese zu sehr an eine ererbte Geistesverfassung gebunden sind, als dass man sie ändern könnte. Der geistreiche Tocqueville hat darauf aufmerksam gemacht, dass die Arbeit des Konsulats und des Kaisertums vor allen Dingen darin bestand, die Mehrzahl der Institutionen der Vergangenheit mit neuen Bezeichnungen zu versehen, folglich die Ausdrücke, die in der Phantasie der Massen verhasste Bilder hervorriefen, durch andere zu ersetzen, deren Neuheit das unmöglich machte. Die ›Taille‹ wurde zur Grundsteuer, die ›Gabelle‹ zur Salzsteuer, die Verbrauchssteuer zu indirekten Steuern und Zöllen, die Meister- und Zunfttaxe zur Gewerbesteuer usw.

Eine der wichtigsten Aufgaben der Staatsmänner besteht also darin, die Dinge, die die Massen unter ihren alten Bezeichnungen verabscheuen, mit volkstümlichen oder wenigstens bedeutungslosen Namen zu taufen. Die Macht der Worte ist so groß, dass gutgewählte Bezeichnungen genügen, um den Massen die verhasstesten Dinge annehmbar zu machen. Taine bemerkt ganz richtig, dass die Jakobiner durch Berufung auf die damals sehr volkstümlichen Worte ›Freiheit‹ und ›Brüderlichkeit‹ einen Despotismus, der des Königreichs Dahomey würdig gewesen wäre, ein Tribunal wie die Inquisition, und Menschenhekatomben gleich denen des alten Mexiko heraufbeschwören konnten. Die Regierungskunst besteht wie die der Rechtsanwälte darin, dass man die Worte zu meistern versteht. Eine schwierige Kunst, denn in derselben Gesellschaft haben die gleichen Worte für die verschiedenen sozialen Schichten oft ganz verschiedene Bedeutung. Sie gebrauchen anscheinend dieselben Worte, sprechen aber nicht dieselbe Sprache.

In den vorstehenden Beispielen haben wir als Hauptursache für den Bedeutungswandel der Worte besonders die Zeit in Betracht gezogen. Wollten wir auch die Rasse heranziehen, so würden wir sehen, dass zu gleicher Zeit bei Völkern von gleicher Kultur, aber verschiedener Rasse die gleichen Worte oft ganz verschiedenartigen Vorstellungen entsprechen. Diese Unterschiede kann man ohne zahlreiche Reisen nicht kennenlernen und verstehen, und ich will sie daher nicht hervorheben. Ich beschränke mich auf die Bemerkung, dass gerade die gebräuchlichsten Worte bei den verschiedenen Völkern die verschiedenste Bedeutung haben. So z. B. die Ausdrücke ›Demokratie‹ und ›Sozialismus‹, die heute soviel gebraucht werden.

Sie entsprechen in Wirklichkeit für die lateinische und die angelsächsische Seele inhaltlich und bildlich völlig entgegengesetzten Vorstellungen. Bei den lateinischen Völkern bedeutet das Wort Demokratie vor allem die Auslöschung des Willens und der Tatkraft des Einzelnen vor dem Staat. Dem Staat wird immer mehr aufgeladen, er soll führen, zentralisieren, monopolisieren, fabrizieren. An ihn wenden sich beständig alle Parteien ohne Ausnahme: Radikale, Sozialisten, Monarchisten. Bei den Angelsachsen, namentlich bei den Amerikanern, bedeutet dasselbe Wort im Gegenteil die angespannteste Entfaltung des Willens und der Persönlichkeit, das möglichste Zurücktreten des Staates, den man mit Ausnahme der Polizei, des Heeres und der diplomatischen Beziehungen nichts leiten lässt, nicht einmal den Unterricht. Dasselbe Wort hat also bei diesen beiden Völkern einen völlig entgegengesetzten Sinn.[14]

---

↑ (14) In den ›Psychologischen Gesetzen der Völkerentwicklung‹ habe ich klar auf den Unterschied hingewiesen, der das lateinische Ideal der Demokratie von dem angelsächsischen Ideal der Demokratie unterscheidet.

# § 2. Die Täuschungen (Illusions)

Seit der Morgenröte der Kultur sind die Völker immer dem Einfluss von Täuschungen ausgesetzt gewesen. Den Schöpfern von Täuschungen haben sie die meisten Tempel, Bildwerke und Altäre errichtet. Früher waren es religiöse, heute sind es philosophische Täuschungen – aber immer findet man diese furchtbaren Herrscherinnen an der Spitze aller Kulturen, die nacheinander auf unserm Planeten blühten. In ihrem Namen stiegen die Tempel Chaldäas und Ägyptens, die Kirchenbauten des Mittelalters empor, in ihrem Namen wurde ganz Europa vor einem Jahrhundert umgewälzt. Es gibt nicht eine einzige unserer künstlerischen, politischen oder sozialen Anschauungen, die nicht ihren mächtigen Stempel trüge. Oft schüttelt sie der Mensch um den Preis furchtbarer Umwälzungen ab, aber er scheint dazu verdammt zu sein, sie immer wieder aufzurichten. Ohne sie hätte er die primitive Barbarei nicht hinter sich lassen können, und ohne sie würde er ihr bald wieder verfallen. Zweifellos sind es leere Schatten, aber diese Töchter unserer Träume haben die Völker gezwungen, all das zu schaffen, was den Glanz der Künste und die Größe der Kultur ausmacht.

»Wenn man alle Kunstwerke und Denkmäler in den Museen und Bibliotheken, die dem Einfluss der Religion ihr Dasein verdanken, zerstören und auf den Steinen ihrer Vorhöfe zertrümmern könnte, was bliebe von den großen Träumen der Menschheit übrig?«, schreibt ein Autor, der die Summe unseres Wissens zieht. »Die Daseinsberechtigung der Götter, Helden und Dichter besteht darin, den Menschen ihren Anteil an Hoffnungen und Täuschungen zu geben, ohne die sie nicht leben können. Eine Zeitlang schien die Wissenschaft diese Aufgabe zu übernehmen. Sie hat sich aber bei den idealhungrigen Gemütern um ihr Ansehen gebracht, weil sie nicht mehr genug zu versprechen wagt, und nicht genug zu lügen weiß.«

Die Philosophen des vergangenen Jahrhunderts widmeten sich mit Eifer der Zerstörung der religiösen, politischen und sozialen Täuschungen, von denen unsere Väter viele Jahrhunderte lang gelebt hatten. Diese Zerstörung ließ die Quellen der Hoffnung und Ergebung versiegen. Hinter den geopferten

Chimären fanden sie die blinden Naturkräfte, die unerbittlich sind gegen Schwäche und kein Mitleid kennen.

Trotz all ihrer Fortschritte hat die Philosophie nicht vermocht, den Massen ein Ideal zu bieten, das sie bezaubern könnte. Da ihnen aber Täuschungen unentbehrlich sind, so wenden sie sich unwillkürlich, wie die Motte dem Licht, den Rednern zu, die sie ihnen bieten. Die große Triebkraft der Völkerentwicklung war niemals die Wahrheit, sondern der Irrtum. Und wenn heute der Sozialismus seine Macht wachsen sieht, so erklärt es sich daraus, dass er die einzige Täuschung darstellt, die noch lebendig ist. Wissenschaftliche Beweisführungen können seine Entwicklung nicht aufhalten. Seine Hauptstärke liegt darin, dass er von Köpfen verteidigt wird, die die Tatsachen der Wirklichkeit genügend verkennen, um es zu wagen, den Menschen kühn das Glück zu versprechen. Die soziale Täuschung herrscht heute auf allen Ruinen, die die Vergangenheit auftürmte, und ihr gehört die Zukunft. Nie haben die Massen nach Wahrheit gedürstet. Von den Tatsachen, die ihnen missfallen, wenden sie sich ab und ziehen es vor, den Irrtum zu vergöttern, wenn er sie zu verführen vermag. Wer sie zu täuschen versteht, wird leicht ihr Herr, wer sie aufzuklären sucht, stets ihr Opfer.

## § 3. Die Erfahrung

Die Erfahrung ist so ziemlich das einzige wirksame Mittel, um der Massenseele eine Wahrheit fest einzupflanzen und zu gefährlich gewordene Täuschungen zu zerstören. Dazu muss die Erfahrung auf einer breiten Grundlage ruhen und oft wiederholt werden. Die von einer Generation gesammelten Erfahrungen sind im allgemeinen für die folgende nutzlos, darum hat es keinen Zweck, geschichtliche Ereignisse als Beweise anzuführen. Ihr einziger Nutzen ist, dass sie zeigt, in welchem Maße die Erfahrungen in jedem Zeitalter wiederholt werden müssen, um irgendwelchen Einfluss zu gewinnen und den Erfolg zu haben, auch nur einen Irrtum, der mit der Massenseele verwachsen ist, auszurotten.

Unser Jahrhundert und das vorhergehende werden von den Historikern der Zukunft zweifellos als eine Zeit merkwürdiger Erfahrungen bezeichnet werden. Kein anderes Zeitalter hat so viele aufzuweisen.

Die gewaltigste Erfahrung war die Französische Revolution. Um zu entdecken, dass man eine Gesellschaft nicht mit den Mitteln der reinen Vernunft von Grund auf erneuern kann, mussten einige Millionen Menschen hingeschlachtet und ganz Europa zwanzig Jahre lang erschüttert werden. Um uns durch die Erfahrung zu beweisen, dass Cäsaren den Völkern, die ihnen zujauchzen, teuer zu stehen kommen, waren innerhalb fünfzig Jahren zwei vernichtende Erfahrungen nötig, die trotz ihrer Verständlichkeit nicht überzeugend genug gewesen zu sein scheinen. Gleichwohl kostete die erste drei Millionen Menschen und einen feindlichen Einmarsch, die zweite eine Zerreißung des Landes und die Notwendigkeit stehender Heere. Eine dritte wäre beinahe vor kurzem gemacht worden und wird eines Tages sicherlich gemacht werden. Um uns zu beweisen, dass das riesige deutsche Heer nicht, wie man uns vor 1870 lehrte, eine Art harmloser Nationalgarde[15] ist, war der schreckliche Krieg nötig, der uns so viel gekostet hat. Um zu der Erkenntnis zu kommen, dass das Schutzzollsystem die Völker, die es anwenden, endgültig zugrunde richtet, werden noch unheilvolle Erfahrungen nötig sein. Diese Beispiele ließen sich ins Unendliche vermehren.

---

↑ (15) Die Anschauung der Massen bildete sich in diesem Fall durch die groben Verbindungen unähnlicher Dinge, deren Mechanik ich früher erklärt habe. Weil damals unsere Nationalgarde aus friedlichen Kleinbürgern ohne jede straffe Zucht bestand und nicht ernst zu nehmen war, erweckte alles, was einen ähnlichen Namen trug, dieselben Bilder und wurde folglich für ebenso harmlos gehalten. Der Irrtum der Massen wurde damals, wie es bei allgemeinen Anschauungen so oft der Fall ist, von den Führern geteilt. In einer Rede, die Herr Thiers am 31. Dezember 1867 in der Deputiertenkammer hielt, wiederholte er, ein Staatsmann, der der Massenanschauung oft gefolgt ist, Preußen besitze außer einem aktiven Heere, an Zahl dem unsrigen fast gleich, nur eine Nationalgarde, die von derselben Art, wie wir sie einmal besessen und demnach ohne Bedeutung sei – eine ebenso richtige Behauptung wie die berühmte Prophezeiung desselben Staatsmannes über die Zukunftslosigkeit der Eisenbahnen.

# § 4. Die Vernunft

Bei der Aufzählung der Faktoren, die imstande sind, die Massenseele zu erregen, könnten wir uns die Erwähnung der Vernunft ersparen, wenn man nicht den negativen Wert ihres Einflusses aufzeigen müsste.

Wir haben bereits festgestellt, dass die Massen durch logische Beweise nicht zu beeinflussen sind und nur grobe Ideenverbindungen begreifen. Daher wenden sich auch die Redner, die Eindruck auf sie zu machen verstehen, an ihr Gefühl und niemals an ihre Vernunft. Die Gesetze der Logik haben keinerlei Einfluss auf sie.[16] Um die Massen zu überzeugen, muss man sich zunächst genau Rechenschaft geben über die Gefühle, die sie beseelen; muss den Anschein erwecken, dass man sie teilt, dann versuchen, sie zu verändern, indem man mittels angedeuteter Ideenverbindungen gewisse zwingende Bilder hervorruft. Ferner muss man im Notfall sein Vorhaben aufgeben können, und vor allen Dingen jeden Augenblick die Gefühle erraten, die man erweckt. Diese Notwendigkeit, seine Ausdrucksweise je nach dem erzielten Erfolg im Augenblick zu verändern, verurteilt jede vorbereitete und einstudierte Rede von vornherein zur Wirkungslosigkeit. Der Redner folgt seinen eigenen Gedanken, nicht denen seiner Zuhörer und verliert schon allein durch diese Tatsache jeden Einfluss.

Die logischen Köpfe, die an die ziemlich knappen Schlussketten der Vernunft gewöhnt sind, können sich nicht enthalten, ihre Zuflucht zu dieser Überzeugungsweise zu nehmen, wenn sie sich an die Massen wenden, und sind immer wieder über das Fehlschlagen ihrer Beweise überrascht. »Die gewöhnlichen mathematischen Schlüsse, die sich auf den Syllogismus, d. h. auf Identitätsketten gründen, sind notwendig«, schreibt ein Logiker ... »Ihre Notwendigkeit würde selbst die Zustimmung einer anorganischen Masse erzwingen, wenn sie den Identitätsketten folgen könnte.« Gewiss, aber die Menge ist ebensowenig imstande ihnen zu folgen oder sie auch nur zu verstehen wie die anorganische Masse. Man mache z. B. den Versuch, primitive Wesen, Wilde oder Kinder, durch ein logisches Urteil zu überzeugen, und man wird einsehen, wie wenig Wirkung diese Beweisführung hat.

Man braucht nicht einmal bis zu den primitiven Wesen hinabzusteigen, um die völlige Ohnmacht der Logik im Kampf gegen Gefühle festzustellen. Erinnern wir uns nur daran, wie hartnäckig sich viele Jahrhunderte hindurch die religiösen Vorurteile gehalten haben, die der einfachsten Logik widersprechen. Fast zweitausend Jahre lang beugten sich die aufgeklärtesten Geister unter ihre Gesetze, und erst in der modernen Zeit war es überhaupt möglich, ihre Wahrheiten anzuzweifeln. Das Mittelalter und die Renaissance hatten genug aufgeklärte Köpfe, aber nicht ein einziger war darunter, dem die Vernunft die kindischen Seiten seines Aberglaubens enthüllt und auch nur einen leisen Zweifel an den Bosheiten des Teufels oder an der Notwendigkeit der Hexenverbrennungen wachgerufen hätte.

Ist es zu bedauern, dass die Massen nie von der Vernunft geleitet werden? Wir wagen es nicht zu behaupten. Der menschlichen Vernunft wäre es wahrscheinlich nicht gelungen, die Menschheit mit derselben Glut und Kühnheit die Bahnen der Kultur zu führen, zu der ihre Trugbilder sie fortgerissen haben. Die Trugbilder waren Erzeugnisse des Unbewussten, von dem wir geleitet werden, und sie waren wahrscheinlich notwendig. Jede Rasse birgt in ihrer geistigen Verfassung die Gesetze ihres Schicksals, und vielleicht gehorcht sie diesen Gesetzen infolge eines untrüglichen Instinktes auch dann, wenn ihre unvernünftigsten Äußerungen in Erscheinung treten. Es scheint manchmal, als ob die Völker geheimen Kräften unterworfen wären, gleich jenen, die die Eichel in eine Eiche umwandeln oder den Kometen zwingen, seine Bahn einzuhalten.

Das wenige, was wir über diese Kräfte erforschen können, muss in dem allgemeinen Entwicklungsgang der Völker gesucht werden und nicht in den einzelnen Tatsachen, aus denen sich diese Entwicklung zu ergeben scheint. Würde man nur diese einzelnen Tatsachen in Betracht ziehen, so schiene es, als sei die Geschichte von ungereimten Zufällen beherrscht. Es war unglaubhaft, dass ein unwissender Zimmermann aus Galiläa zweitausend Jahre hindurch zu einem allmächtigen Gott werden konnte, in dessen Namen die bedeutendsten Kulturen gegründet wurden. Unglaubhaft auch, dass einige arabische Horden, die ihre Wüste verließen, den größten Teil der alten griechisch-römischen Welt erobern konnten. Unglaubhaft war es endlich, dass in einem sehr gealterten und in Rangordnungen festgelegten Europa ein einfacher Artillerieleutnant es zuwege brachte, über eine große Anzahl von Völkern und Königen zu herrschen.

Überlassen wir also die Vernunft den Philosophen, aber verlangen wir nicht von ihr, dass sie sich allzuviel in die Regierung der Menschen einmische. Nicht vermöge, sondern oft trotz der Vernunft bildeten sich Gefühle wie Ehre, Entsagung, religiöser Glaube, Ruhmes- und Vaterlandsliebe, die bis heute die großen Triebfedern aller Kultur gewesen sind.

---

↑ (16) Meine ersten Beobachtungen über die Kunst der Massenbeeinflussung und die schwachen Hilfsmittel, die die Logik in dieser Beziehung bietet, machte ich während der Belagerung von Paris, an dem Tage, an dem ich den Marschall V... nach dem Louvre, dem Sitz der damaligen Regierung, bringen sah, weil eine wütende Volksmenge ihn dabei überrascht haben wollte, als er den Festungsplan entwendete, um ihn den Preußen zu verkaufen. Ein Regierungsmitglied, G. P..., ein berühmter Redner, trat heraus, um eine Ansprache an die Massen zu halten, die die unverzügliche Hinrichtung des Gefangenen verlangten. Ich erwartete, der Redner werde die Unsinnigkeit der Beschuldigung durch die Feststellung beweisen, dass der angeklagte Marschall ausgerechnet einer der Konstrukteure der Befestigung sei, deren Plan man übrigens in allen Buchhandlungen kaufen konnte. Zu meiner großen Verblüffung – ich war damals noch sehr jung – lautete die Rede ganz anders: »Dem Recht wird Genüge geschehen«, rief der Redner, indem er auf den Gefangenen zuging, »wird in unerbittlicher Weise Genüge geschehen. Lasst die Regierung der nationalen Verteidigung eure Sache durchführen; einstweilen werden wir den Angeklagten einsperren.« Durch diese scheinbare Genugtuung besänftigt, zerstreute sich die Menge, und der Marschall konnte schon nach Verlauf einer Viertelstunde seine Wohnung aufsuchen. Sicherlich wäre er totgeschlagen worden, wenn sein Verteidiger der wütenden Menge die logischen Beweisgründe vorgehalten hätte, die meine große Jugend sehr überzeugend fand.

# 3. KAPITEL: DIE FÜHRER DER MASSEN UND IHRE ÜBERZEUGUNGSMITTEL

DIE GEISTESVERFASSUNG DER MASSEN ist uns jetzt bekannt, und wir wissen nun auch, welche Kräfte auf sie wirken. Jetzt haben wir zu untersuchen, wie diese Kräfte angewandt werden müssen, und durch wen sie nutzbringend in Tätigkeit umgesetzt werden.

## § 1. DIE FÜHRER DER MASSEN

Sobald eine gewisse Anzahl lebender Wesen vereinigt ist, einerlei, ob eine Herde Tiere oder eine Menschenmenge, unterstellen sie sich unwillkürlich einem Oberhaupt, d. h. einem Führer.

In den menschlichen Massen spielt der Führer eine hervorragende Rolle. Sein Wille ist der Kern, um den sich die Anschauungen bilden und ausgleichen. Die Masse ist eine Herde, die sich ohne Hirten nicht zu helfen weiß.

Sehr oft war der Führer zuerst ein Geführter, der selbst von der Idee hypnotisiert war, deren Apostel er später wurde. Sie hat ihn so sehr erfüllt, dass neben ihr alles verschwand und dass ihm nun jede gegenteilige Anschauung als Irrtum und Aberglaube erscheint. So z. B. Robespierre, der von seinen wunderlichen Ideen so hypnotisiert war, dass er sich zu ihrer Verbreitung der Mittel der Inquisition bediente.

Meistens sind die Führer keine Denker, sondern Männer der Tat. Sie haben wenig Scharfblick und könnten auch nicht anders sein, da der Scharfblick im allgemeinen zu Zweifel und Untätigkeit führt. Man findet sie namentlich unter den Nervösen, Reizbaren, Halbverrückten, die sich an der Grenze des Irrsinns befinden. So abgeschmackt auch die verfochtene Idee oder das verfolgte Ziel sein mag, gegen ihre Überzeugung wird alle Logik zunichte. Verachtung und Verfolgung stört sie nicht oder erregt sie nur noch mehr. Persönliches Interesse, Familie, alles wird geopfert. Sogar der Selbsterhaltungstrieb ist bei ihnen ausgeschaltet, und zwar in solchem Maße, dass die einzige Belohnung, die sie oft anstreben, das Martyrium ist. Die Stärke ihres Glaubens verleiht ihren Worten eine große suggestive Macht. Die Menge hört immer auf den Menschen, der über einen starken Willen verfügt. Die in der Masse vereinigten Einzelnen verlieren allen Willen und wenden sich instinktiv dem zu, der ihn besitzt.

An Führern hat es den Völkern nie gefehlt, aber nicht alle besitzen sie die starken Überzeugungen, die den Apostel machen. Oft sind es geschickte Redner, die nur ihre eigenen Interessen verfolgen und durch Schmeicheln niedriger Instinkte zu überreden suchen. Der Einfluss, den sie ausüben, bleibt stets nur äußerlich. Die großen Überzeugten, die die Massenseele erhoben haben, wie Peter von Amiens, Luther, Savonarola, die Revolutionsmänner, begeisterten erst, nachdem sie selbst durch einen Glauben begeistert waren. Dann freilich konnten sie in den Seelen jene furchtbare Macht erzeugen, die Glaube heißt und den Menschen zum völligen Sklaven seines Traumes macht.

Glauben erwecken, sei es religiöser, politischer oder sozialer Glaube, Glaube an eine Person oder an eine Idee, das ist die besondere Rolle des großen Führers. Von allen Kräften, die der Menschheit zur Verfügung stehen, war der Glaube stets eine der bedeutendsten, und mit Recht schreibt ihm das Evangelium die Macht zu, Berge zu versetzen. Dem Menschen einen Glauben schenken, heißt seine Kraft verzehnfachen. Die großen geschichtlichen Ereignisse wurden oft von unbekannten Gläubigen verwirklicht, die nichts als ihren Glauben besaßen. Nicht die Gelehrten und Philosophen, vor allem nicht die Skeptiker, haben die großen Religionen geschaffen, die die Welt und die riesigen Reiche, die sich von der einen Erdhälfte bis zur anderen erstreckten, beherrscht haben.

Doch solche Beispiele passen nur für die großen Führer, und die sind so selten, dass die Geschichte ihre Zahl leicht feststellen könnte. Sie bilden den Gipfel einer absteigenden Reihe, von den Führernaturen angefangen bis hinunter zum Arbeiter, der in einer rauchigen Kneipe seine Genossen nach und nach begeistert, indem er fortwährend ein paar kaum verstandene Redensarten wiederholt, die nach seiner Meinung alle Träume und Hoffnungen verwirklichen würden.

In allen sozialen Schichten, von der höchsten bis zur niedrigsten, gerät der Mensch, sobald er nicht mehr alleinsteht, leicht unter die Herrschaft eines Führers. Die meisten Menschen, besonders in den Massen des Volkes, haben von nichts außerhalb ihres Berufsfaches eine klare und richtige Vorstellung. Sie sind nicht imstande, sich selbst zu leiten; so dient ihnen der Führer als Wegweiser. Er kann zur Not, aber nur sehr unzureichend, durch Zeitungen ersetzt werden, die ihren Lesern Meinungen anfertigen und Redensarten bieten, welche alles Denken ersparen.

Die Herrschaft der Führer ist äußerst gewaltsam und verdankt nur dieser Gewalt ihre Geltung. Man kann oft erleben, wie leicht sie sich in unruhigsten Arbeiterschichten Gehorsam verschaffen, ohne ein anderes Mittel als ihr Ansehen anzuwenden. Sie bestimmen die Zahl der Arbeitsstunden, die Lohntarife, beschließen die Streiks, lassen sie zu einer bestimmten Stunde beginnen und enden.

Heute haben es die Führer darauf abgesehen, nach und nach die öffentlichen Gewalten zu ersetzen, soweit man sie erörtern und schwächen kann. Durch ihre Gewaltherrschaft erreichen diese neuen Herren, dass die Massen ihnen viel leichter folgen als irgendeiner Regierung. Verschwindet durch einen Zufall der Führer und ist nicht sofort Ersatz da, so wird die Masse wieder eine Menge ohne Zusammenhang und Widerstandskraft. Während eines Streiks der Pariser Omnibusangestellten genügte die Verhaftung der beiden Anführer, die ihn leiteten, um ihm sofort ein Ende zu bereiten. Nicht das Freiheitsbedürfnis, sondern der Diensteifer herrscht stets in der Massenseele. Ihr Drang, zu gehorchen, ist so groß, dass sie sich jedem, der sich zu ihrem Herrn erklärt, instinktiv unterordnen.

## EINTEILUNG DER FÜHRER

Innerhalb der Klasse der Führer lässt sich eine ziemlich scharfe Einteilung vornehmen. Zu der einen Art gehören die energischen, willensstarken, aber nicht ausdauernden Menschen; zur anderen, viel selteneren, die Menschen mit einem starken, ausdauernden Willen. Die ersteren sind heftig, tapfer, kühn. Sie taugen besonders dazu, einen Handstreich durchzuführen, die Massen trotz der Gefahr mitzureißen und die jungen Rekruten in Helden zu verwandeln. So waren z. B. im ersten Kaiserreich Ney und Murat. So war auch noch zu unserer Zeit Garibaldi, ein talentloser, aber energischer Abenteurer, dem es gelang, mit einer Handvoll Menschen sich des ehemaligen Königreichs Neapel zu bemächtigen, obwohl es von einem regelrechten Heer verteidigt wurde.

Aber wenn die Energie solcher Führer auch gewaltig ist, so ist sie doch nur vorübergehend und überdauert kaum den Aufschwung, den sie erzeugten. Sind die Helden in den Strom des gewöhnlichen Lebens zurückgetaucht, so geben sie, die früher so feurig waren, Beweise von erstaunlicher Schwäche. Sie scheinen unfähig zum Nachdenken und können sich in den einfachsten Verhältnissen nicht zurechtfinden, nachdem sie doch vorher die anderen so gut zu leiten verstanden. Diese Führer können ihre Aufgabe nur dann erfüllen, wenn sie selbst unausgesetzt geführt und angetrieben werden, stets einen Menschen oder eine Idee über sich fühlen und genauen Verhaltensregeln folgen müssen.

Die zweite Führerklasse, die der Menschen mit ausdauerndem Willen, übt trotz ihres weniger glänzenden Auftretens einen viel bedeutenderen Einfluss aus. Zu ihnen gehören die wahren Begründer von Religionen oder großen Werken: Paulus, Mohammed, Kolumbus, Lesseps. Mögen sie intelligent, beschränkt oder unbedeutend sein, stets wird die Welt für sie eintreten. Der beharrliche Wille, den sie besitzen, ist eine unendlich seltene und unendlich mächtige Eigenschaft, die sich alles unterwirft. Man ist sich nicht immer klar genug darüber, was ein starker und stetiger Wille vermag. Nichts widersteht ihm, weder die Natur noch die Götter noch die Menschen.

Das jüngste Beispiel hat uns der berühmte Ingenieur gegeben, der zwei Erdteile voneinander trennte und den Versuch durchführte, den dreitausend Jahre hindurch die größten Herrscher vergeblich unternommen hatten. Er scheiterte später an einem gleichartigen Unternehmen, aber dann war er alt, und im Alter erlischt alles, auch der Wille.

Um die Macht des Willens zu beweisen, braucht man nur die Geschichte der Schwierigkeiten, die bei dem Durchstich des

Suezkanals zu überwinden waren, mit allen Einzelheiten zu erzählen. Ein Augenzeuge, Doktor Cazalis, hat die Ausführung dieses Riesenwerkes in einige ergreifende Zeilen zusammengefasst, wie sie dessen unsterblicher Urheber schilderte. »Er erzählte Tag für Tag, in einzelnen Abschnitten das Gedicht vom Kanal. Er erzählte von allem, was er zu überwinden hatte, von allem Unmöglichen, das er möglich gemacht hatte, von allen Widerständen, den Bündnissen gegen ihn, den Bitterkeiten, Unfällen, Schlappen, die ihn aber nie entmutigen und lähmen konnten. Er dachte an England, das ihn bekämpfte, ihn unablässig angriff, erinnerte an Ägypten und Frankreich, die zögerten, an den französischen Konsul, der sich mehr als die anderen den ersten Arbeiten widersetzte, und wie man sich ihm entgegenstellte, indem man die Arbeiter durch den Durst zu beeinflussen suchte und ihnen das Trinkwasser verweigerte. Dann sprach er vom Marineministerium und von den Ingenieuren, von all den ernsten, erfahrenen Kennern ihrer Wissenschaft, die naturgemäß alle feindlich gesinnt und theoretisch von dem Fehlschlag überzeugt waren, den sie berechneten und in Aussicht stellten, wie man eine Sonnenfinsternis für einen bestimmten Tag oder eine bestimmte Stunde voraussagt.«

Das Buch, in dem das Leben all dieser großen Führer zu schildern wäre, enthielte nicht viele Namen, aber diese Namen standen an der Spitze der wichtigsten Ereignisse der Kultur und Geschichte.

# § 2. Die Wirkungsmittel der Führer: Behauptung, Wiederholung, Übertragung

Wenn es sich darum handelt, eine Masse für den Augenblick mitzureißen und sie zu bestimmen, irgend etwas zu tun, etwa einen Palast zu plündern, sich bei der Verteidigung eines befestigten Platzes oder einer Barrikade töten zu lassen, so muss man durch raschen Einfluss auf sie wirken. Der erfolgreichste ist das Beispiel. Doch ist dann notwendig, dass die Masse schon durch gewisse Umstände vorbereitet ist und besonders, dass der, der sie mitreißen will, die Eigenschaft besitzt, die ich später als Einfluss untersuchen werde.

Handelt es sich jedoch darum, der Massenseele Ideen und Glaubenssätze langsam einzuflößen, z. B. die modernen sozialen Lehren, so wenden die Führer verschiedene Verfahren an. Sie benutzen hauptsächlich drei bestimmte Arten: die Behauptung, die Wiederholung und die Übertragung oder Ansteckung (contagion). Ihre Wirkung ist ziemlich langsam, aber ihre Erfolge sind von Dauer.

Die reine, einfache Behauptung ohne Begründung und jeden Beweis ist ein sicheres Mittel, um der Massenseele eine Idee einzuflößen. Je bestimmter eine Behauptung, je freier sie von Beweisen und Belegen ist, desto mehr Ehrfurcht erweckt sie. Die religiösen Schriften und die Gesetzbücher aller Zeiten haben sich stets einfacher Behauptungen bedient. Die Staatsmänner, die zur Durchführung einer politischen Angelegenheit berufen sind, die Industriellen, die ihre Erzeugnisse durch Anzeigen verbreiten, kennen den Wert der Behauptung.

Die Behauptung hat aber nur dann wirklichen Einfluss, wenn sie ständig wiederholt wird, und zwar möglichst mit denselben Ausdrücken. Napoleon sagte, es gäbe nur eine einzige ernsthafte Redefigur: die Wiederholung. Das Wiederholte befestigt sich so sehr in den Köpfen, dass es schließlich als eine bewiesene Wahrheit angenommen wird.

Man versteht den Einfluss der Wiederholung auf die Massen gut, wenn man sieht, welche Macht sie über die aufgeklärtesten Köpfe hat. Das Wiederholte setzt sich schließlich in den tiefen Bereichen des Unbewussten fest, in denen die Ursachen unserer Handlungen verarbeitet werden. Nach einiger Zeit, wenn wir vergessen haben, wer der Urheber der wiederholten Behauptung ist, glauben wir schließlich daran. Daher die erstaunliche Wirkung der Reklame. Haben wir hundertmal gelesen, die beste Schokolade sei die Schokolade X, so bilden wir uns ein, wir hätten es häufig gehört und glauben schließlich, es sei wirklich so. Tausend schriftliche Zeugnisse überreden uns so sehr, zu glauben, das Y-Pulver habe die bedeutendsten Persönlichkeiten von den hartnäckigsten Krankheiten geheilt, dass wir uns am Ende, wenn wir selbst an einem derartigen Übel erkranken, versucht fühlen, es zu probieren. Lesen wir täglich in derselben

Zeitung, A sei ein ausgemachter Schuft und B ein Ehrenmann, so werden wir schließlich davon überzeugt, vorausgesetzt allerdings, dass wir nicht zu oft in einem anderen Blatt die entgegengesetzte Meinung lesen, die die Eigenschaften der beiden miteinander vertauscht. Behauptung und Wiederholung allein sind mächtig genug, um einander bekämpfen zu können.

Wenn eine Behauptung oft genug und einstimmig wiederholt wurde, wie das bei gewissen Finanzunternehmungen der Fall ist, die jede Konkurrenz aufkaufen, so bildet sich das, was man eine geistige Strömung (courant d'opinion) nennt, und der mächtige Mechanismus der Ansteckung kommt dazu. Unter den Massen übertragen sich Ideen, Gefühle, Erregungen, Glaubenslehren mit ebenso starker Ansteckungskraft wie Mikroben. Diese Erscheinung beobachtet man auch bei Tieren, wenn sie in Scharen zusammen sind. Das Krippenbeissen eines Pferdes im Stall wird bald von den anderen Pferden desselben Stalles nachgeahmt. Ein Schreck, die wirre Bewegung einiger Schafe greift bald auf die ganze Herde über. Die Übertragung der Gefühle erklärt die plötzlichen Paniken. Gehirnstörungen, wie der Wahnsinn, verbreiten sich gleichfalls durch Übertragung. Es ist bekannt, wie häufig der Irrsinn bei Psychiatern auftritt. Man berichtet sogar von Geisteskrankheiten, z. B. der Platzangst, die vom Menschen auf Tiere übertragen werden.

Die Übertragung erfordert nicht die gleichzeitige Anwesenheit der Individuen an demselben Ort, sie kann auch aus der Entfernung unter dem Eindruck gewisser Ereignisse erfolgen, die alle Geister in dieselbe Richtung lenken und ihnen die besonderen Merkmale der Masse verleihen, besonders, wenn sie durch die früher erwähnten mittelbaren Faktoren vorbereitet sind. So hat z. B. der Revolutionsausbruch von 1848, der von Paris ausging, in jäher Weise auf einen großen Teil Europas übergegriffen und mehrere Monarchien erschüttert.[17]

Die Nachahmung, der man so großen Einfluss auf die sozialen Erscheinungen zugeschrieben hat, ist in Wahrheit nur eine einfache Wirkung der Übertragung. Da ich ihre Rolle an anderer Stelle bereits beschrieben habe, so beschränke ich mich auf die Wiederholung dessen, was ich vor vielen Jahren darüber sagte, und was seitdem von anderen Autoren ausgeführt wurde:

»Wie die Tiere ist der Mensch von Natur ein nachahmendes Wesen. Nachahmung ist ihm Bedürfnis, doch wohlgemerkt nur unter der Bedingung, dass sie leicht ist; aus diesem Bedürfnis wird die Macht der Mode geboren. Mag es sich nun um Meinungen, Ideen, literarische Äußerungen oder einfach um die Kleidung handeln, wie viele wagen es, sich ihrer Herrschaft zu entziehen. Nicht mit Beweisgründen, sondern durch Vorbilder leitet man die Massen. Jedem Zeitalter drückt eine kleine Anzahl von Einzelnen ihr Siegel auf, das die Masse unbewusst nachahmt. Aber diese Einzelnen dürfen sich nicht allzu weit von den überkommenen Ideen entfernen. Die Nachahmung würde dann zu schwierig und ihr Einfluss wäre gleich Null. Deshalb haben die Menschen, die ihrer Zeit allzu weit voraus sind, keinerlei Einfluss. Der Abstand ist zu groß. Aus demselben Grunde haben die Europäer trotz aller Vorzüge ihrer Kultur einen so unbedeutenden Einfluss auf die Völker des Orients.«

»Die vereinigte Wirkung von Vergangenheit und gegenseitiger Nachahmung macht alle Menschen desselben Landes und desselben Zeitalters schließlich so ähnlich, dass selbst bei denen, deren besondere Pflicht es doch wäre, sich ihr zu entziehen, bei Philosophen, Gelehrten, Schriftstellern, Gedanken und Stil eine Familienähnlichkeit zeigen, die sofort die Zeit, der sie angehören, erkennen lässt. Eine kurze Unterhaltung mit irgendeinem Menschen genügt, um seinen Lesestoff, seine regelmäßige Beschäftigung und die Umgebung, in der er lebt, von Grund auf erkennen zu lassen.«[18]

Die Ansteckung ist stark genug, den Menschen nicht nur gewisse Meinungen, sondern auch bestimmte Arten des Fühlens aufzuzwingen. Sie bewirkt die Missachtung von Werken wie z. B. der Oper ›Tannhäuser‹ und macht einige Jahre später aus ihren ärgsten Verleumdern Bewunderer.

Überzeugung und Glaube der Massen verbreiten sich nur durch den Vorgang der Übertragung, niemals mit Hilfe von Vernunftgründen. Im Wirtshause befestigen sich durch Behauptung, Wiederholung und Übertragung die heutigen Begriffe der Arbeiter, und der Glaube der Masse ist zu allen Zeiten ebenso geschaffen worden. Treffend vergleicht Renan die Begründer des Christentums mit den »sozialistischen Arbeitern, die ihre Ideen von Wirtshaus zu Wirtshaus verbreiten«. Und schon Voltaire hat in Bezug auf die christliche Religion festgestellt, »mehr als hundert Jahre habe ihr nur der gemeinste Pöbel angehangen«.

In Beispielen, analog den angeführten, geht die Übertragung, wenn sie sich in den Volksschichten ausgewirkt hat, in die höheren Gesellschaftsschichten über. Heutzutage sehen wir, dass die sozialistischen Lehren anfangen, auch die zu ergreifen, die vermutlich ihre ersten Opfer sein werden. Vor der mechanischen Ansteckung tritt sogar der persönliche Vorteil zurück.

Daher zwingt sich jede volkstümlich gewordene Anschauung schließlich immer auch den höchsten sozialen Schichten auf, so offensichtlich auch die Unsinnigkeit der siegreichen Anschauung sein mag. Diese Wirkung der unteren sozialen Schichten auf die Oberklassen ist um so merkwürdiger, als die Glaubensanschauungen der Masse mehr oder weniger immer von einer höheren Idee herrühren, die in der Umgebung, in der sie geboren wurde, häufig ohne Wirkung blieb. Die Führer, die von dieser höheren Idee ergriffen wurden, bemächtigen sich ihrer, entstellen sie und gründen eine Sekte, die sie aufs neue entstellt und so entstellt unter den Massen verbreitet. Ist sie einmal eine volkstümliche Wahrheit geworden, so geht sie auf irgendeine Weise zu ihrer Quelle zurück und wirkt dann auf die Oberklassen eines Volkes. Wohl führt letzten Endes die Intelligenz die Welt, aber sie führt sie wahrlich von Weitem. Die Schöpfer der Ideen sind längst wieder zu Staub geworden, wenn, als Ergebnis der Vorgänge, die ich beschrieben habe, ihr Gedanke schließlich triumphiert.

---

↑ (17) Siehe meine letzten Arbeiten: ›Politische Psychologie‹, ›Meinungen und Anschauungen‹, ›Die Französische Revolution und die Psychologie der Revolutionen‹.

↑ (18) Gustave le Bon. ›Der Mensch und die Gesellschaften‹. 1881. Bd. 2, S. 116.

# § 3. Der Nimbus (Le Prestige)

Eine große Macht verleiht den Ideen, die durch Behauptung, Wiederholung und Übertragung verbreitet wurden, zuletzt jene geheimnisvolle Gewalt, die Nimbus heißt.

Alles, was in der Welt geherrscht hat, Ideen oder Menschen, hat sich hauptsächlich durch die unwiderstehliche Kraft, die sich Nimbus nennt, durchgesetzt. Wohl erfassen wir alle die Bedeutung des Ausdrucks Nimbus (prestige), aber man wendet ihn in so mannigfacher Weise an, dass er nicht ganz leicht zu umschreiben wäre. Der Nimbus verträgt sich mit gewissen Gefühlen wie Bewunderung oder Furcht, er beruht sogar auf ihnen, kann aber sehr wohl ohne sie bestehen. Am meisten Nimbus haben die Toten, also Wesen, die wir nicht fürchten, wie Alexander, Cäsar, Mohammed, Buddha. Andererseits erscheinen Wesen oder Gebilde, die wir nicht bewundern, z. B. die scheußlichen Gottheiten der unterirdischen Tempel Indiens, mit starkem Nimbus bekleidet.

Der Nimbus ist in Wahrheit eine Art Zauber, den eine Persönlichkeit, ein Werk oder eine Idee auf uns ausübt. Diese Bezauberung lähmt alle unsere kritischen Fähigkeiten und erfüllt unsere Seelen mit Staunen und Ehrfurcht. Die Gefühle, die so hervorgerufen werden, sind unerklärlich wie alle Gefühle, aber wahrscheinlich von derselben Art wie die Suggestion, der ein Hypnotisierter unterliegt. Der Nimbus ist der mächtige Quell aller Herrschaft. Götter, Könige und Frauen hätten ohne ihn niemals herrschen können.

Man kann die verschiedenen Arten des Nimbus auf zwei Grundformen zurückführen: auf den erworbenen und den persönlichen Nimbus. Als erworbenen Nimbus bezeichnet man den durch Namen, Reichtum und Ansehen entstandenen Nimbus. Er kann vom persönlichen Nimbus unabhängig sein. Der persönliche Nimbus ist dagegen etwas Individuelles und kann mit Ansehen, Ruhm und Reichtum zusammen bestehen oder durch sie verstärkt werden, aber auch sehr wohl unabhängig davon vorhanden sein.

Der *erworbene* oder künstliche Nimbus ist am weitesten verbreitet. Die bloße Tatsache, dass jemand eine gewisse

Stellung einnimmt, ein gewisses Vermögen besitzt, gewisse Titel hat, bildet einen Glorienschein des Einflusses, so gering auch sein persönlicher Wert sein mag. Ein Soldat in Uniform, ein Beamter in der roten Robe haben immer einen Nimbus. Pascal hat die Notwendigkeit von Talar und Perücke für die Richter treffend erklärt: ohne sie würden sie einen großen Teil ihrer Macht einbüßen. Der grimmigste Sozialist wird durch den Anblick eines Fürsten oder Grafen bewegt, und um einen Kaufmann nach Belieben zu beschwindeln, genügt es, einen solchen Titel anzunehmen.[19]

Der Nimbus, von dem ich eben sprach, geht von Personen aus; man kann ihm den Nimbus zur Seite stellen, den Anschauungen, Werke der Literatur oder Kunst usw. ausüben. Er beruht nur auf angehäufter Wiederholung. Da die Geschichte, die Literatur- und Kunstgeschichte nur die Wiederholung derselben Urteile ist, die niemand nachzuprüfen versucht, so wiederholt schließlich jeder das, was er in der Schule gelernt hat. Es gibt gewisse Namen und Dinge, an die niemand zu rühren wagt. In einem modernen Leser erzeugen die Homerischen Epen unstreitig eine unermessliche Langeweile, aber wer wagt es, das zu sagen? Das Parthenon ist in seinem gegenwärtigen Zustande eine ziemlich uninteressante Ruine, aber es hat solchen Nimbus, dass man es nur noch mit seinem ganzen Anhang historischer Erinnerungen betrachten kann. Es ist die Eigentümlichkeit des Nimbus, dass er verhindert, die Dinge so zu sehen wie sie sind, und dass er alle unsere Urteile lähmt. Die Massen verlangen stets, die Einzelnen meist nach fertigen Anschauungen. Der Erfolg dieser Anschauungen ist unabhängig von der Wahrheit oder dem Irrtum, den sie enthalten, er beruht einzig und allein auf ihrem Nimbus.

---

↑ (19) Man findet diesen Einfluss der Titel, Ordensbänder und Uniformen auf die Massen in allen Ländern, selbst dort, wo das Gefühl persönlicher Unabhängigkeit zur stärksten Entfaltung kam. Um das zu beleuchten, führe ich hier eine interessante Stelle aus dem neuen Buch eines Reisenden an, die von dem Einfluss gewisser Persönlichkeiten in England handelt: »Bei verschiedenen Begegnungen konnte ich mich von dem Rausch überzeugen, in den die

Berührung mit einem Peer von England oder sein Anblick die vernünftigsten Engländer versetzt.

Vorausgesetzt, dass sein Aufwand seinem Range entspricht, lieben sie ihn von vornherein und ertragen in seiner Gegenwart alles von ihm mit Entzücken. Man sieht sie vor Vergnügen erröten, wenn er sich ihnen nähert, und wenn er mit ihnen spricht, so erhöht die Freude, die sie darüber empfinden, diese Röte und verleiht ihren Augen einen ungewöhnlichen Glanz. Sie haben den Lord im Blute, könnte man sagen, wie der Spanier den Tanz, der Deutsche die Musik und der Franzose die Revolution. Ihre Leidenschaft für Pferde und für Shakespeare ist weniger heftig, die Befriedigung und der Stolz darauf weniger tief. Das Peersbuch *[Adelsverzeichnis]* hat großen Absatz, und man findet es, wie die Bibel, in allen Händen.«

Ich komme nun zum *persönlichen* Nimbus. Er ist von ganz anderer Beschaffenheit als der künstliche oder erworbene. Er ist unabhängig von allen Titeln, allem Ansehen. Die wenigen Menschen, die ihn besitzen, üben einen wahrhaft magnetischen Zauber auf ihre Umgebung aus, auch auf sozial Gleichgestellte, und man gehorcht ihnen, wie die wilde Bestie dem Bändiger gehorcht, den sie so leicht verschlingen könnte.

## BEISPIELE DES PERSÖNLICHEN NIMBUS

Die großen Führer der Massen wie Buddha, Jesus, Mohammed, Jeanne d'Arc, Napoleon, besaßen diese Art des Einflusses in hohem Maße und haben sich besonders durch ihn Geltung verschafft. Götter, Helden und Glaubenslehren setzen sie durch, ohne Erörterung zu dulden; sobald sie darauf eingehen, untergraben sie sich selbst.

Die großen Persönlichkeiten, die ich anführte, besaßen ihre bezaubernde Macht schon, ehe sie berühmt waren, und wären ohne sie nicht berühmt geworden. Es ist z. B. klar, dass Napoleon auf dem Gipfel seines Ruhms allein durch seine Macht einen ungeheuren Einfluss hattet, aber er besaß ihn zum Teil schon in der Anfangszeit seiner Laufbahn, als er noch keine Macht hatte und völlig unbekannt war. Als er, noch ein unbekannter General, durch Fürsprache zum Befehlshaber des italienischen Heeres ernannt worden war, trat er unter raue Generale, die dem jungen, vom Direktorium ihnen aufgezwungenen Eindringling einen abschreckenden Empfang bereiten wollten. Aber von der ersten Minute, vom ersten Zusammentreffen an, ohne Redensarten, Gesten, Drohungen, beim ersten Anblick des künftigen großen Mannes waren sie zahm. Taine gibt uns nach zeitgenössischen Erinnerungen einen interessanten Bericht über diese Zusammenkunft:

»Die Divisionsgeneräle, unter anderen Augereau, ein tapferer, grober Haudegen, der stolz war auf seine große Figur und seine Tapferkeit, kommen, voreingenommen gegen den kleinen Emporkömmling, den man ihnen aus Paris sendet, ins Hauptlager. Durch die Beschreibung, die man ihnen von ihm gegeben hat, ist Augereau in feindseliger Stimmung, von vornherein widerspenstig: ein Günstling von Barras, ein General des Vendémiaire, ein Straßengeneral, den man für einen eingesponnenen Brummbären hält, weil er immer nur nachdenkt, er soll ein kleines Gesicht haben und steht in dem Ruf, ein Mathematiker und Träumer zu sein. Sie werden empfangen, und Bonaparte lässt auf sich warten. Endlich erscheint er, den Degen umgeschnallt, bedeckt sich, setzt seine Pläne auseinander, gibt ihnen seine Befehle und verabschiedet sie. Augereau ist stumm geblieben, erst draußen fasst er sich und findet seine gewöhnlichen Flüche wieder, er und Massena sind sich darüber einig, dieser kleine Teufelskerl von General hat ihm Furcht eingeflößt; er kann sich den Einfluss nicht erklären, von dem er sich durch den ersten Blick überwältigt fühlte.«

Als Napoleon ein großer Mann geworden war, wuchs sein Einfluss mit seinem Ruhm und glich dem Einfluss, den eine Gottheit auf ihre Anbeter hat. General Vandamme, ein revolutionärer Haudegen, noch brutaler und energischer als Augereau, sagte eines Tages 1815, als sie zusammen die Tuilerientreppe hinaufstiegen, zu Marschall d'Ornano:

»Mein Lieber, dieser Teufelskerl übt auf mich einen Zauber aus, den ich nicht begreife. Das geht so weit, dass ich, der weder Gott noch Teufel fürchtet, in seiner Nähe fast wie ein Kind zu zittern beginne, und er könnte mich dazu bringen, durch ein Nadelöhr ins Feuer zu gehen.«

Den gleichen Zauber übte Napoleon auf alle aus, die sich ihm näherten.[20]

Davoust sagte, als er von Marets[21] und seiner Ergebenheit sprach: »Wenn der Kaiser uns beiden sagte: Die Interessen meiner Politik erfordern die Zerstörung von Paris, ohne dass es jemand erfährt und die Stadt verlässt, so würde Maret, dessen bin ich sicher, das Geheimnis wahren; er würde sich aber nicht enthalten können, es so weit zu verletzen, dass er seine Familie veranlasste, die Stadt zu verlassen. Ich aber würde aus Furcht, etwas zu verraten, mein Weib und meine Kinder darin lassen.«

An diese erstaunliche Macht der Bezauberung muss man denken, will man die wunderbare Rückkehr von der Insel Elba begreifen, die schnelle Eroberung Frankreichs durch einen alleinstehenden Mann, der gegen alle organisierten Kräfte eines großen Landes zu kämpfen hatte, von dem man annehmen musste, dass es seiner Tyrannei müde war. Er brauchte die ausgesandten Generale, die geschworen hatten, ihn gefangenzunehmen, nur anzublicken. Alle unterwarfen sich ihm ohne Widerstand.

»Napoleon landet fast allein und als Flüchtling der kleinen Insel Elba, die sein Königreich war, in Frankreich«, schreibt General Wolseley, »und bringt es zuwege, in wenigen Wochen ohne Blutvergießen die gesamte Machtorganisation Frankreichs unter seinem legitimen König umzustoßen; hat die persönliche Macht eines Menschen sich je bewunderungswürdiger bekundet? Wie erstaunlich ist aber die Macht, die er von Anfang bis Ende dieses Feldzuges, seines letzten, auch über die Verbündeten ausübte, indem er sie zwang, seine Entschlüsse anzunehmen; und es fehlte nicht viel, so hätte er sie zerschmettert!«

Sein Nimbus überlebte ihn und wuchs weiter. Er machte seinen unbekannten Neffen zum Kaiser. Angesichts der heutigen Erneuerung seiner Legende sieht man, wie mächtig dieser große Schatten noch ist. Misshandelt die Menschen, schlachtet sie zu Millionen ab, führt einen feindlichen Einbruch nach dem andern herbei, alles ist euch gestattet, wenn ihr genügend Nimbus besitzt und das Talent, ihn aufrechtzuerhalten.

Gewiss habe ich hier ein ganz besonderes Ausnahmebeispiel herangezogen, aber es war geeignet, die Entwicklung der großen Religionen, Lehren und Reiche verständlich zu machen. Ohne

die Macht, welche der Nimbus auf die Masse ausübt, würde
diese Entwicklung unbegreiflich sein.

---

↑ (20) Der Kaiser kannte seine Wirkung wohl und wusste sie noch zu
vermehren, indem er die großen Persönlichkeiten seiner Umgebung,
zu denen mehrere jener berühmten Konventsmitglieder gehörten,
die Europa so sehr gefürchtet hatte, etwas schlechter als Stallknechte
behandelte. Die zeitgenössischen Berichte sind voll von derartigen
bezeichnenden Tatsachen. Eines Tages fuhr Napoleon im versammelten Staatsrat Beugnot, den er wie einen ungeschickten Diener
behandelte, grob an: »Nun, Sie großer Dummkopf, haben Sie Ihren
Kopf wiedergefunden?« Darauf verbeugte sich Beugnot, der wie ein
Regimentstambour gewachsen war, sehr tief, und der kleine Mann
hebt die Hand und nimmt den großen beim Ohr, wie Beugnot
schreibt, »ein Zeichen berauschender Gunst, eine vertrauliche
Gebärde des leutselig redenden Herrn.« Solche Beispiele geben einen
klaren Begriff von dem Grad der Plattheit, den Nimbus hervorrufen
kann; sie machen die ungeheure Verachtung des großen Despoten
für die Menschen seiner Umgebung begreiflich.

↑ (21) Hugues-Bernard Maret, duc de Bassano (* 1. Mai 1763 in Dijon;
† 13. Mai 1839 in Paris) war französischer Staatsmann und Publizist.

## VERLUST DES NIMBUS

Aber der Nimbus gründet sich nicht allein auf das persönliche
Ansehen, den militärischen Ruhm und die religiöse Angst, er
kann auch einen unbedeutenderen Ursprung haben und doch
noch beträchtlich sein. Das neunzehnte Jahrhundert bietet uns
mehrere Beispiele dafür. Das eine, woran die Nachwelt von Zeit
zu Zeit erinnert wird, ist in der Geschichte des berühmten
Mannes gegeben, der das Antlitz der Erde und die Handels-
beziehungen der Völker änderte, indem er zwei Erdteile voneinander trennte. Sein Unternehmen gelang ihm durch seinen
ungeheuren Willen, aber auch durch den Zauber, den er auf
seine ganze Umgebung ausübte. Um die einstimmige Gegner-
schaft, die er vorfand, zu besiegen, brauchte er sich nur zu
zeigen, einen Augenblick zu sprechen, und die Gegner wurden
durch den Zauber, der von ihm ausging, seine Freunde. Die
Engländer bekämpften sein Vorhaben besonders wütend; doch
er brauchte nur in England zu erscheinen, um alle Stimmen für
sich zu gewinnen. Als er später durch Southampton kam, läu-

teten die Glocken während seiner Durchreise. Als er alles besiegt hatte, Menschen und Dinge, glaubte er nicht mehr an Hindernisse und wollte in Panama mit denselben Mitteln Suez wiederholen. Aber der Glaube, der Berge versetzt, versetzt sie nur, wenn sie nicht zu hoch sind. Die Berge widerstanden und die daraus folgende Katastrophe zerstörte die leuchtende Ruhmesglorie, die den Helden umgab. Sein Leben lehrt, wie der Einfluss wachsen und vergehen kann. Nachdem er den größten Helden der Geschichte gleichgekommen, wurde er von der Obrigkeit seines Landes zum gemeinen Verbrecher gestempelt. Nach seinem Tode wurde sein Sarg einsam durch gleichgültige Massen getragen. Nur die Herrscher des Auslandes ließen seinem Andenken Ehre widerfahren.[22]

Jedoch die verschiedenen Beispiele, die angeführt wurden, stellen nur Grenzfälle dar. Zur genauen Begründung der Psychologie des Nimbus müssten sie an das Ende einer Reihe gestellt werden, die von den Begründern der Religionen und Staaten bis zum Kleinbürger reicht, der durch einen neuen Anzug oder eine Auszeichnung auf seine Nachbarn Eindruck zu machen sucht.

Zwischen den äußersten Gliedern dieser Reihe liegen alle Arten des Nimbus auf den verschiedenen Kulturgebieten, der Wissenschaft, der Künste, der Literatur usw., und es zeigt sich, dass er den Grundstoff der Überzeugung bildet. Das Wesen, die Idee oder die Sache, von denen der Nimbus ausgeht, werden infolge ihrer ansteckenden Wirkung sofort nachgeahmt und bestimmen für ein ganzes Menschenalter die Art des Fühlens und die Form des Gedankenausdrucks. Überdies geschieht die Nachahmung meistens unbewusst, und das macht sie vollkommen. Die modernen Maler, welche die verwischten Farben und die starre Haltung gewisser Primitiver erneuern, haben keine Ahnung von der Quelle ihrer Begeisterung, sie glauben so sehr an ihre Ursprünglichkeit, dass man an ihnen auch weiterhin nur die naiven und unfertigen Seiten bemerkt haben würde, wenn nicht ein hervorragender Meister diese Kunstform wiedererweckt hätte. Die, welche nach dem Muster eines berühmten Neuerers ihre Leinwand mit violetten Schatten bedecken, sehen in der Natur nicht mehr Violett, als man vor fünfzig Jahren sah, aber sie unterliegen dem besonderen, persönlichen Eindruck eines Malers, der einen großen Nimbus zu erlangen wusste. Aus allen Gebieten der Kunst lassen sich leicht derartige Beispiele anführen.

Man ersieht aus dem Vorhergehenden, dass an der Entstehung des Nimbus zahlreiche Faktoren beteiligt sein können. Einer der bedeutendsten war stets der Erfolg. Jeder Mensch, der Erfolg hat, jede Idee, die sich durchsetzt, wird damit schon anerkannt.

Der Nimbus verschwindet immer im Augenblick des Misserfolges. Der Held, dem die Masse gestern zujubelte, wird morgen von ihr angespien, wenn das Schicksal ihn schlug. Je größer der Nimbus, um so heftiger der Rückschlag. Die Masse betrachtet dann den gefallenen Helden als ihresgleichen und rächt sich dafür, dass sie sich einer Überlegenheit gebeugt hat, die sie nicht mehr anerkennt. Als Robespierre seinen Kollegen und einer ganzen Anzahl seiner Zeitgenossen den Hals abschneiden ließ, besaß er einen ungeheuren Nimbus. Die Verschiebung weniger Stimmen beraubte ihn augenblicklich dieses Nimbus, und die Masse folgte ihm mit ebenso vielen Verwünschungen zur Guillotine wie am Tage zuvor seinen Opfern. Die Gläubigen zertrümmerten stets voll Wut die Bildwerke ihrer früheren Götter.

Durch Misserfolg aufgehoben, ist der Nimbus schnell verloren. Er kann sich auch abnutzen, indem man ihn diskutiert; das geht langsamer, aber sicher. Der diskutierte Nimbus ist kein Nimbus mehr. Die Götter und Menschen, die ihren Nimbus lange zu bewahren wussten, haben Erörterungen nie geduldet. Wer von den Massen bewundert sein will, muss sie stets in Abstand halten.

---

↑ (22) Ein ausländisches Blatt, die Wiener ›Neue Freie Presse‹, hat anlässlich des Schicksals von Lesseps sehr scharfsinnige psychologische Bemerkungen gemacht, die daher hier mitgeteilt sein sollen: »Nach der Verurteilung Ferdinands von Lesseps hat man kein Recht mehr, sich über das traurige Ende von Christoph Columbus zu wundern. Ist Lesseps ein Gauner, dann ist jede edle Täuschung ein

Verbrechen. Das Altertum hätte das Andenken von Lesseps mit einer Ruhmesglorie bekränzt und ihn im Olymp den Nektarbecher leeren lassen, denn er hat das Antlitz der Erde verändert und Werke ausgeführt, die die Schöpfung vervollkommnen. Durch die Verurteilung von Lesseps hat sich der Präsident des Appellationsgerichtes unsterblich gemacht, denn stets werden die Völker den Namen des Mannes verlangen, der nicht fürchtete, sein Jahrhundert dadurch zu erniedrigen, einen Greis mit Sträflingsjacke zu bekleiden, dessen Leben der Ruhm seiner Zeitgenossen war. Man rede uns hinfort nicht von unbeugsamer Gerechtigkeit, dort, wo bürokratischer Hass gegen alle kühnen, großen Unternehmungen herrscht. Die Völker bedürfen der wagemutigen Männer, die an sich selbst glauben und ohne Rücksicht auf ihr eigenes Ich alle Hindernisse bewältigen. Das Genie kann nicht vorsichtig sein, mit Vorsicht könnte es den Kreis menschlicher Betätigung nie erweitern.

... Ferdinand von Lesseps hat den Rausch des Triumphs und die Bitterkeit der Enttäuschungen gekannt: Suez und Panama. Hier empört sich das Gemüt gegen die Moral des Erfolges. Als es Lesseps gelang, zwei Meere zu verbinden, da erwiesen ihm Fürsten und Völker Ehre; heute, da er an den Felsen der Cordilleren Schiffbruch leidet, ist er ein gemeiner Gauner. Es ist der Krieg der Gesellschaftsklassen, die Unzufriedenheit der Bürokraten und Beamten, die sich mittels des Strafgesetzes an denen rächen, die sich über die anderen erheben möchten. Die modernen Gesetzgeber sind in Verlegenheit angesichts dieser gewaltigen Ideen des Menschengeistes, das Publikum versteht davon noch weniger, und es fällt einem Staatsanwalt leicht, zu beweisen, dass Stanley ein Meuchelmörder und Lesseps ein Betrüger sei.«

# 4. KAPITEL: GRENZEN DER VERÄNDERLICHKEIT DER GRUNDANSCHAUUNGEN UND MEINUNGEN DER MASSEN

## ÜBERSICHT VIERTES KAPITEL

*§ 1. Die unveränderlichen Grundanschauungen* — Unveränderlichkeit gewisser Gesamtüberzeugungen — Sie sind die Führer einer Kultur — Schwierigkeit sie auszurotten — Inwiefern Unduldsamkeit bei den Völkern eine Tugend ist — Die philosophische Sinnwidrigkeit einer Gesamtüberzeugung schadet ihrer Ausbreitung nicht

*§ 2. Die veränderlichen Meinungen der Massen* — Äußerste Veränderlichkeit der Anschauungen, die nicht aus allgemeinen Glaubensüberzeugungen hervorgehen — Scheinbare Veränderungen der Ideen und Überzeugungen in weniger als einem Jahrhundert — Tatsächliche Grenzen dieser Wandlungen — Die Elemente, auf die sich die Veränderung erstreckt — Das Schwinden allgemeiner Glaubensüberzeugungen und die außerordentliche Verbreitung der Presse heutzutage machen die modernen Ansichten immer veränderlicher — Wie die Anschauungen der Massen über die meisten Angelegenheiten zur Gleichgültigkeit neigen — Unfähigkeit der Regierungen, wie ehedem die Anschauungen zu lenken — Die Zersplitterung der Anschauungen verhindert in der heutigen Zeit ihre Tyrannei

## § 1. DIE UNVERÄNDERLICHEN GRUNDANSCHAUUNGEN (CROYANCES FIXES)

Es besteht ein enger Parallelismus zwischen den morphologischen und psychologischen Merkmalen der Lebewesen. Unter den morphologischen Merkmalen finden wir gewisse unveränderliche oder so gering veränderliche Elemente, dass geologische Zeitalter nötig sind, um sie zu verändern. Neben diesen unveränderlichen, unreduzierbaren Elementen finden sich recht bewegliche, die durch das Milieu, die Kunst des Züchters oder Gärtners leicht so gewandelt werden können, dass sich dem oberflächlichen Beobachter die Grundmerkmale verbergen.

Der gleichen Erscheinung begegnen wir in der kulturellen Welt. Neben den unveränderlichen seelischen Bestandteilen einer Rasse sind bewegliche und wechselnde Elemente vorhanden. Darum finden wir bei der Untersuchung der Anschauungen und Meinungen eines Volkes stets einen festen Grund, auf dem sich Anschauungen angesiedelt haben, die ebenso flüchtig sind wie der Sand, der die Felsen bedeckt.

Die Grundanschauungen und Meinungen der Massen bilden also zwei scharf getrennte Gruppen. Zu der einen gehören die ständigen Grundprinzipien, die mehrere Jahrhunderte überdauern und auf denen eine ganze Kultur beruht. So z. B. der feudale Gedanke, die Ideen des Christentums und der Reformation; und heutzutage die nationalen Grundgedanken, die demokratischen und sozialen Ideen. Zur anderen gehören die wechselnden Ansichten des Augenblicks, die meistens aus allgemeinen Gedanken abgeleitet werden und die jedes Zeitalter entstehen und vergehen sieht: z. B. die Theorien, die zu bestimmten Zeiten Kunst und Literatur beherrschen und die Romantik, den Naturalismus usw. hervorbrachten. So wandelbar wie die Mode, wechseln sie wie die kleinen Wellen, die auf der Oberfläche eines Sees unaufhörlich entstehen und vergehen.

Die Zahl der allgemeinen Grundanschauungen ist nicht groß. Ihr Entstehen und Vergehen bilden die Höhepunkte in der Geschichte jeder historischen Rasse. Sie bilden das eigentliche Gerüst der Kultur.

Eine *flüchtige Meinung* haftet leicht in der Massenseele, aber einen *festen Glauben* in ihr zu verankern, ist sehr schwer, ebenso schwer aber ist er wieder zu zerstören, wenn er sich einmal festgesetzt hat. Man kann ihn wohl nur um den Preis gewaltsamer Revolutionen ändern, und nur, wenn der Glaube seine Herrschaft über die Seelen fast ganz eingebüßt hat. Die Revolutionen helfen dann dabei, die Grundanschauung endgültig abzuwerfen, die man schon fast aufgegeben hatte, deren gänzliche Aufhebung aber durch die Macht der Gewohnheit verhindert wurde. Beginnende Revolutionen sind in Wahrheit schwindende Grundanschauungen.

Eine große Grundanschauung wird an dem Tage zum Tode verurteilt, an dem man anfängt, ihren Wert zu bestreiten. Da jede allgemeine Grundanschauung nur eine Einbildung ist, so kann sie nur bestehen, solange sie dieser Prüfung entgeht.

Aber selbst wenn eine Grundanschauung stark erschüttert ist, bewahren die Institutionen, die von ihr abgeleitet sind, ihre Macht und erlöschen nur langsam. Hat sie schließlich ihre Macht völlig eingebüßt, dann bricht alles zusammen, was von ihr getragen wurde. Es war noch keinem Volk vergönnt, seine Grundanschauungen zu ändern, ohne gleichzeitig dazu verurteilt zu sein, alle Bestandteile seiner Kultur umzuwandeln.

Es wandelt sie so lange um, bis es eine neue allgemeine Grundanschauung angenommen hat und lebt bis dahin notgedrungen in Anarchie. Die allgemeinen Grundanschauungen sind die notwendigen Stützen der Kulturen. Sie geben den Ideen ihre Richtung, und sie allein erwecken das Gewissen und erschaffen das Pflichtgefühl.

Die Völker haben es stets als nützlich empfunden, sich allgemeine Glaubensanschauungen zu bilden und instinktiv erfasst, dass ihr Schwinden die Stunde des Niedergangs anzeigen würde. Der fanatische Kultus Roms war für die Römer der Glaube, der sie zu Herren der Welt machte. Dieser Glaube starb, und Rom ging zugrunde. Erst als die Barbaren, die Zerstörer der römischen Kultur, einige einheitliche Glaubensanschauungen gewonnen hatten, erreichten sie einen gewissen Zusammenhalt und konnten die Anarchie überwinden.

Mit gutem Grund waren also die Völker stets unduldsam bei der Verteidigung ihrer Überzeugungen. So tadelnswert diese Unduldsamkeit vom philosophischen Standpunkt ist, im Leben der Völker ist sie als eine Tugend anzusehen. Um den Grund zu allgemeinen Glaubensüberzeugungen zu legen oder sie aufrechtzuerhalten, hat das Mittelalter viele Scheiterhaufen errichtet, und so viele Erfinder und Neuerer, die der Folter entgangen waren, mussten in Verzweiflung sterben. Um solche Überzeugungen zu verteidigen, ist die Welt immer wieder umgestürzt worden, sind Millionen Menschen auf den Schlachtfeldern gefallen und werden dort noch weiterhin fallen.

Wir haben schon gesagt, dass sich der Einführung einer allgemeinen Grundanschauung große Schwierigkeiten entgegenstellen; wenn sie aber endgültig Fuß gefasst hat, ist ihre Macht lange Zeit unüberwindlich, und mag sie philosophisch noch so falsch sein, so drängt sie sich doch den erleuchtetsten Geistern auf. Haben nicht die Völker Europas seit fünfzehn Jahrhunderten religiöse Legenden, die bei näherer Betrachtung ebenso barbarisch[23] sind wie der Moloch-Mythus, als unbestreitbare Wahrheiten betrachtet? Der entsetzliche Widersinn des Mythos von einem Gotte, der sich für den Ungehorsam eines seiner Geschöpfe durch furchtbare Marter an seinem Sohne rächt, ist viele Jahrhunderte nicht bemerkt worden. Die größten Geister, wie Galilei, Newton, Leibniz, haben auch nicht einen Augenblick darüber nachgedacht, dass die Wahrheit solcher Legenden bezweifelt werden könnte. Nichts beweist schlagender die Hypnose, die durch allgemeine Grundanschauungen bewirkt wird, aber nichts zeigt auch besser die beschämenden Grenzen unseres Geistes.

Sobald der Massenseele eine neue Lehre eingepflanzt wurde, beeinflusst sie die Institutionen, die Künste und die Sitten. Ihre Herrschaft über die Seelen ist dann unumschränkt. Die Männer der Tat denken nur an ihre Verwirklichung, die Gesetzgeber nur an ihre Anwendung, Philosophen, Künstler, Schriftsteller beschäftigen sich nur damit, sie in verschiedene Formen zu übertragen.

Durch die allgemeinen Grundanschauungen haben sich die Menschen jedes Zeitalters mit einem Netz von Überlieferungen, Meinungen und Gewohnheiten umgeben, aus dessen Maschen sie nicht entwischen können und durch die sie einander immer etwas ähnlich werden. Der unabhängigste Geist denkt nicht daran, sich ihnen zu entziehen. Die echteste Tyrannei beherrscht die Seelen unbewusst, denn sie allein ist nicht zu bekämpfen. Tiberius, Dschingis Khan, Napoleon waren zweifellos furchtbare Tyrannen, aber Moses, Buddha, Jesus, Mohammed, Luther haben aus ihrem Grabe heraus eine nicht weniger tief gehende Herrschaft über die Seelen ausgeübt. Ein Tyrann kann durch eine Verschwörung gestürzt werden, was vermag sie aber gegen einen wohl gefestigten Glauben? In ihrem heftigen Kampf gegen den Katholizismus ist unsere große Revolution trotz der scheinbaren Zustimmung der Massen und trotz der Zerstörungsmittel, die von ihr ebenso unerbittlich angewandt wurden wie von der Inquisition, unterlegen. Die einzigen wahren Tyrannen der Menschheit sind immer die Schatten der Toten gewesen oder die Einbildungen, die sie sich selbst geschaffen hat.

Ich wiederhole: Der philosophische Unsinn gewisser allgemeiner Grundanschauungen war nie ein Hindernis für ihren Triumph. Dieser Triumph scheint sogar nur dann möglich zu sein, wenn sie irgendwelchen geheimnisvollen Unsinn enthalten. Die offenbare geistige Armut der sozialistischen Lehren der Gegenwart wird nicht verhindern, dass sie sich der Massenseele einpflanzen. Ihre wahre Unzulänglichkeit im Vergleich zu jedem religiösen Glauben besteht einzig darin: Da das Glücksideal, das der religiöse Glaube in Aussicht stellte, nur in einem zukünftigen Leben verwirklicht werden sollte, so konnte niemand diese Verwirklichung bestreiten; da das sozialistische Glücksideal sich jedoch auf Erden verwirklichen soll, so wird die Nichtigkeit der Verheißungen sogleich bei den ersten Verwirklichungsversuchen an den Tag treten, und der neue Glaube wird jeden Einfluss verlieren. Seine Macht wird also nur bis zum Tage seiner Verwirklichung wachsen. Und deshalb wird die neue Religion, wie alle früheren, zunächst eine zerstörende Tätigkeit ausüben, ohne, wie sie, später eine schöpferische Rolle übernehmen zu können.

---

↑ (23) Barbarisch im philosophischen Sinne, wohlverstanden. In Wirklichkeit haben sie eine ganz neue Kultur gegründet und Jahrhunderte lang den Menschen bezaubernde Traum- und Hoffnungsparadiese sehen lassen, wie er sie nie mehr kennen wird.

# § 2. Die veränderlichen Meinungen (Opinions Mobiles) der Massen

Über den festen Glaubensanschauungen, deren Macht wir darlegten, liegt eine Schicht von Meinungen, Ideen, Gedanken, die fortwährend entstehen und vergehen. Manche sind sehr vergänglich und die bedeutendsten überdauern kaum das Leben einer Generation. Wir haben bereits festgestellt, dass die Veränderungen dieser Meinungen zuweilen mehr an ihrer Oberfläche als in ihrem Wesen vorgehen und immer den Stempel der Rasseneigenschaften tragen.

Wenn wir beispielsweise die politischen Institutionen unseres Landes betrachten, sehen wir, dass die scheinbar entgegengesetzten Parteien: Monarchisten, Radikale, Imperialisten, Sozialisten usw. völlig übereinstimmende Ideale haben, und dass diese Ideale sich einzig und allein auf die geistige Verfassung unserer Rasse beziehen, denn unter den gleichen Namen finden sich bei anderen Rassen ganz entgegengesetzte Ideale. Weder durch die Namen der Anschauungen noch durch ihre täuschenden Anpassungen wird der Kern der Dinge verändert. Die Bürger der Revolutionszeit, die, ganz erfüllt von der lateinischen Literatur, gebannt von der römischen Republik, ihre Gesetze, Liktorenbündel, Togen übernahmen, wurden dadurch noch keine Römer, weil sie unter der Herrschaft einer mächtigen historischen Täuschung standen.

Es ist die Aufgabe des Philosophen, zu erforschen, was sich unter den scheinbaren Veränderungen von den alten Überzeugungen erhält, und in der Flut der Meinungen diejenigen Bewegungen herauszufinden, die durch die Grundanschauungen und die Rassenseele bestimmt werden. Ohne diesen philosophischen Maßstab könnte man glauben, die Massen änderten ihre politischen und religiösen Überzeugungen häufig und wirklich. Die ganze Geschichte der Politik, der Religion, der Kunst und der Literatur scheint das in der Tat zu bezeugen.

Nehmen wir z. B. einen kurzen Zeitabschnitt unserer eigenen Geschichte, etwa von 1790 bis 1820, also dreißig Jahre, die Dauer eines Menschenalters. Wir sehen innerhalb dieser Zeit, wie die Massen, die erst monarchistisch sind, revolutionär, dann imperialistisch und schließlich wieder monarchistisch werden. In der Religion wenden sie sich in der gleichen Zeit vom Katholizismus zum Atheismus, dann zum Deismus und kehren zu den strengsten Formen des Katholizismus zurück. Und nicht allein die Massen, auch die Führer sind denselben Veränderungen unterworfen. Man sieht die großen Konventsmitglieder, die geschworenen Feinde der Könige, die von Gott und Teufel nichts wissen wollen, ergebene Diener Napoleons werden und unter Ludwig XVIII. bei den Prozessionen fromm ihre Kerzen tragen.

Und welche Wandlungen dann in den Massenanschauungen der folgenden siebzig Jahre! Das ›perfide Albion‹ *[Großbritannien]* vom Beginn dieses Jahrhunderts wird unter den Erben Napoleons Frankreichs Verbündeter. Russland, das zweimal mit uns im Kriege lag und sich über unsere letzten Schicksalsschläge so sehr gefreut hatte, wird plötzlich als Freund betrachtet.

In der Literatur, der Kunst, der Philosophie geht der Wechsel noch schneller vor sich. Romantik, Naturalismus, Mystizismus usw. tauchen auf und verschwinden im raschen Wechsel. Die gestern gefeierten Künstler und Schriftsteller werden morgen aufs Tiefste verachtet.

Was sehen wir aber, wenn wir diese scheinbar so tiefen Wandlungen untersuchen? Alle Ansichten, die im Gegensatz stehen zu den Grundanschauungen und -gefühlen der Rasse sind nur von sehr kurzer Dauer, und der abgelenkte Strom nimmt rasch seinen gewohnten Lauf wieder auf. Die Anschauungen, die sich an keine Grundüberzeugung, an kein Gefühl der Rasse knüpfen, und die also keinen Bestand haben können, sind allen Zufällen oder, wenn man will, den geringsten Veränderungen der Verhältnisse preisgegeben. Sie sind mit Hilfe von Suggestion und Ansteckung entstanden, sind stets flüchtiger Art und erscheinen und verschwinden auch oft ebenso schnell wie die Sanddünen, die der Wind am Meeresstrand bildet.

Die Anzahl der unbeständigen Meinungen der Massen ist heutzutage größer als je, und zwar aus drei verschiedenen Gründen:

Erstens büßen die alten Glaubenslehren nach und nach ihre Herrschaft ein und wirken nicht mehr wie früher richtunggebend auf die Meinungen. Das Erlöschen der Gesamtüberzeugungen gibt Raum für eine Menge Sonderanschauungen ohne Vergangenheit und Zukunft.

Zweitens wächst die Macht der Massen immer mehr und findet immer weniger Gegengewicht, so dass sich die außerordentliche Beweglichkeit der Ideen, die wir bei ihnen fanden, frei entfalten kann.

Drittens führt die neuerdings so verbreitete Presse unaufhörlich die entgegengesetzten Meinungen vor den Augen der Masse vorüber. Die Wirkungen, die jede von ihnen eben hervorzurufen suchte, werden bald von widersprechenden Einflüssen aufgehoben. Keine Meinung kann sich richtig verbreiten, und alle führen nur ein vergängliches Dasein. Sie sind tot, bevor sie bekannt genug sind, um allgemein zu werden.

## Öffentliche Meinung und Presse

Aus diesen mannigfachen Ursachen ist eine ganz neue Erscheinung der Weltgeschichte hervorgegangen, die für die heutige Zeit sehr bezeichnend ist: ich meine die Unfähigkeit der Regierungen, die öffentliche Meinung zu lenken.

Einst, und dies Einst liegt gar nicht so weit hinter uns, wurde die öffentliche Meinung von der Tatkraft der Regierung, dem Einfluss einiger Schriftsteller und einer ganz geringen Anzahl von Zeitungen getragen. Heutzutage haben die Schriftsteller allen Einfluss eingebüßt, und die Zeitungen spiegeln nur die öffentliche Meinung wider. Und was die Staatsmänner anbelangt, so denken sie nicht daran, sie zu lenken, sondern suchen ihr nur zu folgen. Ihre Furcht vor der öffentlichen Meinung ist fast schon Schrecken und raubt ihrer Haltung jede Festigkeit.

Die Meinung der Massen zeigt also das Bestreben, immer mehr zum entscheidenden Lenker der Politik zu werden. Sie bringt es heute schon fertig, Bündnisse vorzuschreiben, wie wir es vor kurzem bei dem russischen Bündnis sahen, das fast ausschließlich aus einer Volksbewegung hervorging.

Es ist ein sehr eigenartiges Zeichen unserer Zeit, dass Päpste, Könige und Kaiser sich dem Brauch der Befragung durch Vertreter der Tageszeitungen unterwerfen, um dem Urteil der Massen ihre Gedanken über eine bestimmte Angelegenheit zu unterbreiten. Einst konnte man sagen, Politik sei nicht Sache des Gefühls. Kann man das heute noch, wenn man sieht, dass sie sich von den Einfällen der unbeständigen Massen, die keine Vernunft kennen und nur vom Gefühl beherrscht werden, leiten lässt?

Die Presse, die einstige Leiterin der öffentlichen Meinung, hat wie die Regierungen gleichfalls der Macht der Massen weichen müssen. Gewiss besitzt sie noch eine bedeutende Macht, aber doch nur, weil sie lediglich die Widerspiegelung der öffentlichen Meinung und ihrer unaufhörlichen Schwankungen ist. Sie ist zum einfachen Informationsmittel geworden und hat darauf verzichtet, irgendwelche Ideen oder Lehren zu verbreiten. Sie geht allen Veränderungen des öffentlichen Geistes nach, sie ist dazu verpflichtet, weil sie sonst Gefahr läuft, durch die Maßnahmen der Konkurrenz ihre Leser zu verlieren. Die alten, ehrwürdigen und einflussreichen Blätter von ehedem, deren Aussprüche von der vergangenen Generation noch ehrfurchtsvoll wie Weissagungen angehört wurden, sind verschwunden oder zu Nachrichtenvermittlungen geworden, die von unterhaltenden Neuigkeiten, Gesellschaftsklatsch und geschäftlichen Anzeigen umrahmt sind.

Welches Blatt wäre heute reich genug, seinen Schriftleitern eigene Meinungen gestatten zu können? Und welches Gewicht könnten diese Meinungen bei Lesern haben, die nur unterrichtet oder unterhalten werden wollen und hinter jeder Empfehlung Berechnung wittern? Die Kritik hat nicht einmal mehr die Macht, ein Buch oder ein Theaterstück durchzusetzen. Sie kann schaden, aber nicht nützen. Die Blätter sind sich der Nutzlosigkeit jeder Eigenmeinung so bewusst, dass sie allmählich die literarischen Kritiken eingeschränkt haben und sich damit begnügen, den Namen des Buches nebst zwei, drei Zeilen Empfehlung zu bringen, und in zwanzig Jahren wird es sich mit der Theaterkritik wohl ebenso verhalten.

Das Ausforschen der Meinungen ist heute die Hauptbeschäftigung der Presse und der Regierungen. Welche Wirkung dies Ereignis, jener Gesetzentwurf, jene Rede hervorrief, ist wissenswert für sie. Das ist nicht leicht, denn nichts ist beweglicher und wandelbarer als das Denken der Massen. Man kann es erleben, dass sie das, was sie gestern bejubelten, heute mit dem Bannfluch belegen.

Das Endergebnis dieses gänzlichen Mangels an Meinungsrichtung und der gleichzeitigen Auflösung der Grundüberzeugungen ist die völlige Zerbröckelung aller Anschauungen und die wachsende Gleichgültigkeit der Massen wie der einzelnen gegen alles, was ihren unmittelbaren Vorteil nicht greifbar berührt. Wissenschaftliche Lehren, wie der Sozialismus, haben wirklich überzeugte Anhänger nur in den ungebildeten Schichten, z. B. unter Berg- und Fabrikarbeitern. Der Kleinbürger, der halbgebildete Handwerker, sind zu misstrauisch geworden.

Die Entwicklung, die seit dreißig Jahren so verläuft, ist überraschend. In früheren, gar nicht so weit zurückliegenden Zeiten, hatten die Meinungen noch eine allgemeine Richtung. Sie wurden von der Annahme einiger Grundüberzeugungen abgeleitet. Allein aus der Tatsache, dass man Monarchist war, ergeben sich notwendigerweise auf den Gebieten der Geschichte und der Wissenschaft bestimmte, scharf umgrenzte Ansichten, während der Republikaner ganz entgegengesetzte für sich in Anspruch nahm. Ein Monarchist wusste genau, dass der Mensch nicht vom Affen abstammt, und ein Republikaner wusste nicht weniger genau, dass er von ihm abstammt. Der Monarchist musste mit Abscheu, der Republikaner begeistert von der Revolution sprechen. Gewisse Namen, wie Robespierre, Marat, mussten mit andächtiger Miene, andere wieder, wie Cäsar, Augustus, Napoleon, nur unter Schmähungen ausgesprochen werden. Bis zu unserer Sorbonne herauf herrschte diese kindliche Geschichtsauffassung.

Heute verliert jede Meinung durch Erörterung und Zergliederung ihren Nimbus, ihre Stützpunkte werden schnell unsicher, und es bleiben nur wenige Ideen übrig, die uns zu leidenschaftlicher Parteinahme bewegen könnten. Der moderne Mensch verfällt immer mehr der Gleichgültigkeit.

Wir wollen diese allgemeine Erschöpfung der Anschauungen nicht allzu sehr bedauern. Dass sie eine Entartungserscheinung im Völkerleben ist, lässt sich nicht bestreiten. Wohl haben die Seher, Apostel, Führer, mit einem Wort die Überzeugten, eine ganz andere Gewalt als die Verneiner, Kritiker und Gleichgültigen, aber wir dürfen nicht vergessen, dass eine einzige Anschauung, die genügend Nimbus gewänne, um sich durchzusetzen, mit Hilfe der Macht der Massen bald eine so tyrannische Gewalt erlangen würde, dass sich alsbald alle vor ihr beugen müssten, und die Zeit der freien Meinungsäußerung wäre dann für lange Zeit vorbei.

Zeitweilig sind die Massen friedfertige Herren, wie es gelegentlich Heliogabal und Tiberius auch waren, aber sie haben auch wilde Launen. Ist eine Kultur reif, ihnen in die Hände zu fallen, so ist sie zu vielen Zufällen ausgesetzt, als dass sie noch lange Zeit überdauern könnte. Wenn irgendetwas die Stunde des Niedergangs aufhalten kann, so ist es nur die außerordentliche Veränderlichkeit der Meinungen und die wachsende Gleichgültigkeit der Massen gegen alle allgemeinen Grundanschauungen.

# DRITTES BUCH: EINTEILUNG UND BESCHREIBUNG DER VERSCHIEDENEN ARTEN VON MASSEN

## ÜBERSICHT DRITTES BUCH

### 1. Kapitel: Einteilung der Massen

*§ 1. Ungleichartige Massen* — Ihre Unterscheidungsmerkmale — Einfluss der Rasse — Die Massenseele ist um so schwächer, als die Rassenseele stärker ist — Die Rassenseele stellt die Stufe der Kultur, die Massenseele die Stufe der Barbarei dar

*§ 2. Gleichartige Massen* — Einteilung — Sekten, Kasten, Klassen

### 2. Kapitel: Die sogenannten verbrecherischen Massen

Die sogenannten verbrecherischen Massen — Eine Masse kann nur juristisch, nicht psychologisch verbrecherisch sein — Völlige Unbewusstheit der Massenhandlungen — Verschiedene Beispiele — Psychologie der Septembermänner — Ihre Urteile, ihre Empfindsamkeit, Grausamkeit und Sittlichkeit

### 3. Kapitel: Die Geschworenen bei den Schwurgerichten

Die Geschworenen der Schwurgerichte — Allgemeine Eigenschaften der Geschworenen — Die Statistik zeigt, dass ihre Entscheidungen unabhängig sind von ihrer Zusammensetzung — Wie auf die Geschworenen Eindruck gemacht wird — Geringe Wirkung der Logik — Art der Verbrechen, die von den Geschworenen milde, und solcher, die streng beurteilt werden — Überredungsweisen berühmter Rechtsanwälte — Nutzen der Geschworenen und die große Gefahr, dass sie durch Richter ersetzt werden

### 4. Kapitel: Die Wählermassen

Allgemeine Eigenschaften der Wählermassen — Wie man sie überzeugt — Welche Eigenschaften der Wahlkandidat haben muss — Notwendigkeit des Nimbus — Warum Arbeiter und Bauern so selten ihre Vertreter aus ihrer Mitte wählen — Macht der Worte und Redewendungen über den Wähler — Allgemeines Bild der Wahlversammlungen — Wie sich die Anschauungen des Wählers bilden — Die Macht der Ausschüsse — Sie bilden die schlimmste

Form der Tyrannei — Die Revolutionsausschüsse — Trotz seines geringen psychologischen Wertes ist das allgemeine Stimmrecht unersetzlich — Warum die Abstimmungen die gleichen bleiben würden, auch wenn man das Stimmrecht auf eine bestimmte Bürgerklasse beschränkte — Das Stimmrecht in anderen Ländern

## 5. Kapitel: Die Parlamentsversammlungen

Die parlamentarischen Massen zeigen die meisten allgemeinen Eigenschaften der nicht namenlosen, ungleichartigen Massen — Einseitigkeit der Anschauungen — Die Beeinflussbarkeit und ihre Grenzen — Unverrückbar feste und flüchtige Meinungen — Warum Unentschiedenheit vorherrscht — Die Rolle der Führer — Ursache ihres Einflusses — Sie sind die wahren Leiter einer Versammlung, deren Abstimmung also nur die einer kleinen Minderheit ist — Unumschränkte Macht der Führer — Die Mittel ihrer Redekunst — Worte und Bilder — Psychologische Notwendigkeit, dass die Führer eine allgemeine Überzeugung haben und beschränkt sind — Unmöglichkeit für den Führer, seine Beweisgründe ohne Nimbus durchzusetzen — Überschwang sowohl der guten als auch der schlechten Gefühle in den Versammlungen — Automatismus, der sich unter gewissen Umständen herausbildet — Die Sitzungen des Konvents — Ein Fall, dass eine Versammlung die Massenkennzeichen verliert — Einfluss der Fachleute auf die technischen Fragen — Vorteile und Gefahren der parlamentarischen Regierungsweise in allen Staaten — Sie hat sich den Bedürfnissen der Gegenwart angepasst, führt aber zu wirtschaftlicher Verschwendung und allmählichen Freiheitsbeschränkungen — Geschichtsphilosophisches Ergebnis

# 1. KAPITEL: EINTEILUNG DER MASSEN

WIR HABEN IN DIESER ARBEIT bisher die allgemeinen, den Massen gemeinsamen Merkmale festgestellt. Es bleiben uns noch die besonderen Merkmale zu erforschen, die diesen allgemeinen je nach der Art der Gesamtheiten vorgeordnet sind.

Stellen wir zunächst in aller Kürze eine Einteilung der Massen auf:

Unser Ausgangspunkt ist die einfache Menge (la simple multitude). Ihre unterste Art ist dann gegeben, wenn sie sich aus Einzelwesen verschiedener Rassen zusammensetzt. Ihr einziges allgemeines Band ist der mehr oder weniger geachtete Wille eines Anführers. Als Beispiel für diese Massenform können die Barbaren verschiedener Herkunft dienen, die eine Reihe von Jahrhunderten hindurch das Römische Reich verheerten.

Über diesen zusammenhanglosen Massen stehen jene, die unter dem Einfluss gewisser Faktoren gemeinsame Merkmale angenommen haben und schließlich eine Rasse bilden. Sie werden gelegentlich die Sondermerkmale der Massen aufweisen, aber immer gemäßigt durch die Eigentümlichkeiten ihrer Rasse.

Die verschiedenen Arten der Massen, die bei jedem Volk zu beobachten sind, lassen sich folgendermaßen einteilen:

### A. Ungleichartige Massen (foules hétérogènes):

1. Namenlose (z. B. Straßenansammlungen)

2. Nicht namenlose (z. B. Geschworenengericht, Parlament)

### B. Gleichartige Massen (foules homogènes):

1. Sekten (politische, religiöse und andere Sekten)

2. Kasten (militärische, Priester-, Arbeiterkaste usw.)

3. Klassen (Bürger, Bauern usw.)[24]

---

↑ (24) Einzelheiten über die verschiedenen Arten der Massen findet man in meinen letzten Arbeiten.

# §1. Ungleichartige Massen

Die Wesenszüge dieser Gesamtheiten haben wir bereits studiert. Sie setzen sich aus irgendwelchen Einzelnen zusammen, Beruf oder Intelligenz sind unwichtig.

Wir haben in dieser Arbeit gezeigt, dass die seelische Verfassung der Menschen in der Masse wesentlich abweicht von der Seelenverfassung, die sie als Einzelne haben, und dass vor dieser Abweichung die Intelligenz nicht rettet. Wir sahen, dass Intelligenz in den Gesamtheiten keine Rolle spielt. Nur unbewusste Gefühle können in ihnen wirksam werden.

Ein Grundfaktor, die Rasse, macht es uns möglich, die verschiedenen ungleichartigen Massen ziemlich scharf zu trennen. Schon wiederholt kamen wir auf die Bedeutung der Rasse zurück und zeigten, dass sie der mächtigste Faktor ist, der die Macht hat, die menschlichen Handlungen zu bestimmen. Ihre Wirkung zeigt sich auch in den Eigenschaften der Masse. Eine Menge, die aus irgendwelchen verschiedenen Einzelwesen, die aber entweder Engländer oder Chinesen sein müssen, zusammengesetzt ist, unterscheidet sich grundlegend von einer anderen Masse, die etwa aus Russen, Franzosen plus Spaniern besteht.

Die tiefen Unterschiede, die durch die ererbte geistige Konstitution in der Gefühls- und Denkweise der Menschen begründet werden, treten klar zutage, wenn unter gewissen Umständen, die allerdings selten vorkommen, Einzelne verschiedener Nationalitäten zu einer einzigen Masse vereinigt werden, so gleichartig anscheinend die Interessen sein mögen. Die Versuche der Sozialisten, auf großen Zusammenkünften die Vertreter der Arbeiterschaft aller Länder zu vereinigen, endeten stets in heftiger Zwietracht. Eine lateinische Masse, so revolutionär oder konservativ sie auch sein mag, wird sich zur Erfüllung ihrer Forderungen stets an den Staat wenden. Sie ist stets zentralistisch und mehr oder minder monarchistisch. Eine englische und amerikanische Masse hingegen kennt den Staat nicht und wendet sich nur an die persönliche Tatkraft. Eine französische Masse hält vor allem viel auf Gleichheit, eine englische auf Freiheit. Diese Rassenverschiedenheiten bringen fast ebensoviele Unterarten der Masse hervor, als es Völker gibt.

Die Rassenseele beherrscht also völlig die Massenseele. Sie ist der mächtige Grundstoff, der die Schwankungen der Massenseele bestimmt. *Die niederen Eigenschaften der Masse sind umso weniger betont, je stärker die Rassenseele ist.* Das ist ein Grundgesetz. Der Staat der Masse und die Herrschaft der Masse bedeuten die Barbarei oder die Rückkehr zur Barbarei. Durch Erwerbung einer festgefügten Seele schützt die Rasse immer mehr vor unüberlegter Gewalt der Massen und lässt die Barbarei hinter sich.

Die einzige Einteilung, die sich für die ungleichartigen Massen, außer ihrer Bestimmung nach Rassen, durchführen lässt, ist die Einteilung in namenlose Massen, wie die der Straßen, und nicht namenlose Massen, wie z. B. die beratenden Ausschüsse und die Schwurgerichte. Das Fehlen des Verantwortlichkeitsgefühls bei den ersteren und sein Vorhandensein bei den letzteren drängt ihre Handlungsweise oft in verschiedene Richtung.

# § 2. Gleichartige Massen

Die gleichartigen Massen umfassen erstens die Sekten, zweitens die Kasten, drittens die Klassen.

Die *Sekte* bezeichnet den ersten Grad in der Organisation gleichartiger Massen. Zu ihr gehören Einzelne, deren Erziehung, Beruf und Milieu oft sehr verschieden ist und die nur durch das Band der Überzeugung miteinander verbunden sind, so z. B. die religiösen und politischen Sekten.

Die *Kaste* stellt den höchsten Organisationsgrad dar, dessen die Masse fähig ist. Während die Sekte Einzelne umfasst, deren Beruf, Bildung und Milieu oft sehr verschieden sind, und die sich nur durch Gemeinsamkeit der Überzeugung zusammenschließen, gehören zur Kaste nur Einzelne von gleichem Beruf und folglich auch ziemlich ähnlicher Bildung und fast gleichen Lebensverhältnissen. So z. B. die militärische und die Priesterkaste.

Die *Klasse* wird von Einzelnen verschiedenen Ursprungs gebildet, die weder, wie die Mitglieder einer Sekte, durch die Übereinstimmung der Überzeugung, noch durch die Gleichheit des Berufes, wie die Mitglieder einer Kaste, sondern durch bestimmte Interessen, Lebensgewohnheiten und Erziehung einander ähnlich sind. So z. B. die Klasse der Bürger, der Bauern usw.

Da ich in dieser Arbeit nur die ungleichartigen Massen zu studieren habe, so werde ich mich nur mit einigen Arten dieser Gattung der Massen beschäftigen, die ich als bezeichnende Beispiele herausgreife.

# 2. KAPITEL: DIE SOGENANNTEN VERBRECHERISCHEN MASSEN

DA NACH EINER BESTIMMTEN ERREGUNGSZEIT die Massen in den Zustand einfacher, unbewusster Automaten zurückfallen, die von Beeinflussungen abhängig sind, so scheint es schwierig zu sein, sie in irgendeinem Falle als verbrecherisch zu bezeichnen. Ich behalte jedoch diese irrige Bezeichnung bei, weil sie durch die psychologischen Forschungen üblich geworden ist. Gewisse Handlungen der Masse sind, an sich betrachtet, sicherlich verbrecherisch, aber doch nur in demselben Sinne, wie die Tat eines Tigers, der einen Hindu verschlingt, nachdem er ihn erst von seinen Jungen zu ihrer Unterhaltung hat zerfleischen lassen.

Die Verbrechen der Massen sind in der Regel die Folge einer starken Suggestion, und die Einzelnen, die daran teilnahmen, sind hinterher davon überzeugt, einer Pflicht gehorcht zu haben. Das ist beim gewöhnlichen Verbrecher durchaus nicht der Fall.

Die Geschichte der Verbrechen, die durch die Massen begangen wurden, lässt dies klar erkennen.

Als bezeichnendes Beispiel kann man die Ermordung des Gouverneurs der Bastille, du Launay, anführen. Nach der Eroberung dieser Festung hagelten von allen Seiten aus der aufs äußerste gereizten Menge, die ihn umgab, Hiebe auf den Gouverneur. Man schlug vor, ihn zu hängen, zu enthaupten oder an den Schweif eines Pferdes zu binden. Bei dem Versuch, sich zu befreien, versetzte er einem der Umstehenden versehentlich einen Fußtritt. Da machte jemand den Vorschlag – dem die Menge sofort zujauchzte – der Getretene solle dem Gouverneur den Hals abschneiden.

»Dieser, ein stellenloser Koch, der halb und halb aus Neugierde nach der Bastille gegangen war, um zu sehen, was dort vorging, glaubt, weil dies die allgemeine Ansicht ist, die Tat sei patriotisch, und glaubt sogar, eine Auszeichnung zu verdienen, wenn er ein Ungeheuer tötet. Man gibt ihm einen Säbel, mit dem er auf den bloßen Hals losschlägt; da aber der schlecht geschliffene Säbel nicht schneidet, zieht er ein kleines Messer mit schwarzem Heft aus der Tasche und vollendet (da er als Koch Fleisch zu bearbeiten weiß) erfolgreich seine Operation.«

Hier zeigt sich klar der früher festgestellte Mechanismus: Gehorsam gegen einen Einfluss, der um so mächtiger wirkt, weil er einer Gesamtheit entstammt, die Überzeugung des Mörders, damit eine äußerst verdienstvolle Tat getan zu haben, eine Überzeugung, die um so natürlicher ist, da er auf die einmütige Zustimmung seiner Mitbürger rechnen kann. Eine derartige Tat kann vielleicht gesetzlich, aber nicht psychologisch als Verbrechen bezeichnet werden. Die allgemeinen Merkmale der sogenannten verbrecherischen Massen sind genau dieselben, die wir bei allen Massen festgestellt haben: Beeinflussbarkeit, Leichtgläubigkeit, Überschwang der guten und schlechten Gefühle, das Hervortreten gewisser Formen der Sittlichkeit usw.

Alle diese Merkmale finden wir bei der Masse der September-männer wieder, die in unserer Geschichte das unseligste An-denken hinterlassen haben. Sie zeigen übrigens viel Ähnlichkeit mit den Urhebern der Bartholomäusnacht. Die Einzelheiten des Berichtes entnehme ich Taine, der sie aus zeitgenössischen Erinnerungen geschöpft hat. Es ist nicht genau bekannt, wer Befehl oder Veranlassung gegeben hat, die Gefangenen abzuschlachten, um die Gefängnisse zu räumen. Ob es Danton war, wie es wahrscheinlich ist, oder ein anderer, ist gleichgültig; wir haben es nur mit dem mächtigen Einfluss zu tun, den die mit dem Blutbade beauftragte Menge empfing.

Die Schar der Menschenschlächter umfasste ungefähr drei-hundert Mitglieder und zeigte vollkommen die Grundform einer ungleichartigen Masse. Abgesehen von einer ganz geringen Anzahl gewerbsmäßiger Bettler, bestand sie namentlich aus Händlern und Handwerkern aller Art, aus Schustern, Schlossern, Perückenmachern, Maurern, Angestellten, Dienstmännern usw. Unter dem Einfluss der empfangenen Suggestion sind sie, wie der oben erwähnte Koch, völlig überzeugt davon, eine vaterländische Pflicht zu erfüllen. Sie üben ein doppeltes Amt aus, das des Richters und das des Henkers, und halten sich in keiner Weise für Verbrecher.

Durchdrungen von der Wichtigkeit ihrer Aufgabe, bilden sie zunächst eine Art Gerichtshof, und sofort zeigt sich der beschränkte Geist und das nicht weniger beschränkte Rechtsgefühl der Massen. Angesichts der beträchtlichen Anzahl der Angeklagten wird zunächst entschieden: die Adligen, die Priester, die Offiziere, die Diener des Königs, d. h. diejenigen, deren Beruf in den Augen eines guten Patrioten allein schon ein Schuldbeweis ist, sollen in Haufen niedergemetzelt werden, ohne dass es eines besonderen Urteils bedarf. Im übrigen wird nach Aussehen und Ansehen verurteilt. Das unausgebildete Gewissen der Masse ist auf diese Weise befriedigt, sie kann rechtmäßig an die Abschlachtung gehen und den Instinkten der Grausamkeit, deren Entstehen ich an anderer Stelle behandelt habe, und die die Gesamtheiten stets in hohem Maße entfalten können, freien Lauf lassen.

Sie stehen übrigens – das ist die Regel bei den Massen – einer gleichzeitigen Offenbarung entgegengesetzter Gefühle *nicht* im Wege, so z. B. der Empfindsamkeit, die oft, ebenso wie ihre Grausamkeit, bis zum äußersten geht. »Sie haben das offenherzige Mitgefühl und die bewegliche Empfindlichkeit der Pariser Arbeiter. Als ein Föderierter vernahm, dass man in der Abtei die Häftlinge seit sechsundzwanzig Stunden ohne Wasser gelassen hatte, wollte er durchaus den nachlässigen Pförtner umbringen und hätte es getan, wenn nicht die Gefangenen selbst für ihn gebeten hätten. Ist ein Gefangener (von ihrem fliegenden Gerichtshof) freigesprochen, so wird er von den Wächtern und Henkern, kurz von jedermann, umarmt und stürmisch begrüßt.« Dann kehrt man zur Abschlachtung der übrigen zurück. Während des Blutbades herrscht andauernd liebenswürdige Fröhlichkeit. Man singt und tanzt um die Leichen herum, stellt den ›Damen‹, die glücklich darüber sind, zu sehen, dass Aristokraten getötet werden, Bänke zur Verfügung. Auch weiterhin werden Proben einer besonderen Höflichkeit gegeben. Als sich ein Henker in der Abtei beklagt, die etwas entfernter sitzenden Damen sähen schlecht und nur einige der Anwesenden hätten das Vergnügen, die Aristokraten zu schlagen, gibt man die Richtigkeit dieser Beobachtung zu und bestimmt, dass man die Opfer langsam zwischen zwei Reihen von Mördern hindurchgehen lasse, die zur Verlängerung der Qualen nur mit dem Säbelrücken schlagen dürfen. In der Festung werden die Opfer völlig entkleidet, eine halbe Stunde lang zerfleischt, dann, wenn jedermann alles gut gesehen hat, erledigt man sie, indem man ihnen den Bauch aufschlitzt. Die Menschenschlächter sind im übrigen sehr gewissenhaft und bekunden jene Sittlichkeit, auf deren Vorhandensein im Herzen der Massen wir bereits hinwiesen. Sie legen das Geld und den Schmuck der Opfer auf dem Tisch des Ausschusses nieder.

In allen ihren Handlungen finden sich diese unentwickelten Formen des Denkens, die für die Massenseele bezeichnend sind. So macht irgendjemand nach einer Abschlachtung von zwölf- bis fünfzehnhundert Volksfeinden darauf aufmerksam – und seine Anregung wird sofort angenommen –, dass in den andern Gefängnissen, in denen alte Bettler, Landstreicher, jugendliche Häftlinge sitzen, in Wahrheit nur unnütze Fresser eingesperrt wären, deren man sich am besten entledige. Übrigens müssten sich unter ihnen auch Volksfeinde befinden, wie z. B. eine gewisse Frau Delarue, die Witwe eines Giftmischers: »Sie soll wütend sein, im Gefängnis zu sitzen; wenn sie könnte, würde sie Paris in Brand stecken; das soll sie gesagt haben, das hat sie gesagt. Fort mit ihr.« Der Beweis ist überzeugend, und haufenweise wird alles abgeschlachtet, inbegriffen sogar etwa fünfzig Kinder von zwölf bis siebzehn Jahren, die ja auch Volksfeinde werden könnten und folglich beseitigt werden mussten.

Nach einer Woche der Arbeit waren all diese Maßnahmen ausgeführt, und die Menschenschlächter durften von Ruhe träumen. Da sie tief davon durchdrungen waren, dem Vaterland gut gedient zu haben, verlangten sie von den Machthabern eine Belohnung; die Eifrigsten forderten sogar eine Auszeichnung.

Die Geschichte der Kommune von 1870 weist ähnliche Tatsachen auf. Der wachsende Einfluss der Massen und das allmähliche Zurückweichen der Mächte vor ihnen wird sicherlich noch viele andere hinzufügen.

# 3. KAPITEL: DIE GESCHWORENEN BEI DEN SCHWURGERICHTEN

DA WIR UNS HIER nicht mit allen Arten der Geschworenen befassen können, so werde ich mich nur mit den wichtigsten, den Beisitzern der Schwurgerichte, beschäftigen. Sie bieten uns ein vortreffliches Beispiel für die nicht namenlose, ungleichartige Masse. Wir finden hier die Beeinflussbarkeit, die Vorherrschaft der unbewussten Gefühle, die geringe Fähigkeit zum Denken, den Einfluss der Führer usw. Ihre Beobachtung wird uns Gelegenheit geben, bemerkenswerte Proben von Fehlern kennenzulernen, die von Leuten begangen werden, die mit der Psychologie der Gesamtheiten nicht vertraut sind.

Die Geschworenen sind zunächst ein Beispiel für die geringe Bedeutung, die den geistigen Voraussetzungen der verschiedenen Wesen, aus denen sich eine Masse zusammensetzt, bei Entscheidungen zukommt. Wir haben gesehen, dass in einer beratenden Versammlung, die aufgefordert wird, ein Urteil abzugeben, die Intelligenz keine Rolle spielt, wenn es sich um eine Frage handelt, die nicht rein technischer Natur ist, und dass in einer Versammlung von Gelehrten und Künstlern über allgemeine Angelegenheiten Urteile abgegeben werden, die sich von denen einer Maurerversammlung kaum wesentlich unterscheiden. Zu manchen Zeiten traf die Verwaltung unter den Personen, die zu Geschworenen ernannt wurden, eine sorgfältige Auswahl; sie stammten aus den aufgeklärten Klassen der Lehrer, Beamten, wissenschaftlich Gebildeten usw. Heutzutage gehören die Geschworenen hauptsächlich den Kleinhändlern, Handwerksmeistern, Angestellten usw. an. Und zur großen Verwunderung der Fachschriftsteller zeigt die Statistik, dass die Entscheidungen ganz gleich bleiben, wie die Geschworenen auch zusammengesetzt sein mögen. Selbst die Juristen, die der

Einrichtung der Schwurgerichte so feindlich gegenüberstanden, mussten die Richtigkeit dieser Feststellung anerkennen. Ein ehemaliger Schwurgerichtspräsident, Bernard des Glajeux, schreibt in seinen ›Erinnerungen‹ darüber folgendes:

»Heute liegt die Auswahl der Geschworenen in Wirklichkeit in den Händen der Stadträte, die nach ihrem Belieben zulassen und aussortieren und sich in der Hauptsache von politischen Verhältnissen und Wahlsorgen leiten lassen, die mit ihrer Stellung verbunden sind ... Die Mehrzahl der Gewählten besteht aus Kaufleuten von so geringer Bedeutung, dass man sie früher nicht zugelassen hätte, und aus Beamten bestimmter Verwaltungsbehörden. In der Rolle des Richters vereinigen sich alle Anschauungen mit allen Berufsarten, viele zeigen den Eifer der Neulinge, und Menschen, die den besten Willen haben, begegnet man in den einfachsten Ständen. Der Geist der Geschworenen hat sich nicht geändert, *ihre Urteile sind sich gleich geblieben.*«

Wir wollen aus diesem Satz die ganz richtigen Folgerungen, nicht aber die recht schwachen Erklärungen beibehalten. Diese Schwäche ist besonders erstaunlich, denn die Psychologie der Massen und folglich auch der Geschworenen scheint meistens den Anwälten wie den Richtern unbekannt gewesen zu sein. Den Beweis dafür liefert mir die Tatsache, die derselbe Autor anführt, dass einer der berühmtesten Rechtsanwälte des Schwurgerichts, Lachaud, ausnahmslos von seinem Recht Gebrauch machte, die gebildeten Mitglieder der Geschworenen abzulehnen. Die Erfahrung aber – und die Erfahrung allein – überzeugte ihn schließlich von der Zwecklosigkeit dieser Ablehnung. Die Staatsanwaltschaft und die Rechtsanwälte haben, wenigstens in Paris, vollständig darauf verzichtet; und doch haben sich, wie des Glajeux bemerkt, die Urteile nicht geändert, »sie sind weder besser noch schlechter«.

Wie alle Massen werden die Geschworenen sehr stark durch Gefühle und sehr wenig durch Beweisgründe beeinflusst. Ein Rechtsanwalt schreibt: »Sie können dem Anblick einer stillenden Frau oder der Vorführung der Waisen nicht widerstehen. »Eine Frau braucht nur angenehm zu sein«, sagt des Glajeux, »so gewinnt sie das Wohlgefallen der Geschworenen.«

Gegen Verbrechen, von denen sie selbst betroffen werden könnten und die überdies gerade für die Gesellschaft die furchtbarsten sind, zeigen sich die Geschworenen unerbittlich, andererseits sind sie gegen die sogenannten Verbrechen der Leidenschaft sehr nachsichtig. Selten beurteilen sie Kindesmord unehelicher Mütter streng, und noch weniger das verlassene Mädchen, das seinen Verführer mit Vitriol [Schwefelsäure] überschüttet. Sie fühlen instinktiv sehr gut, dass diese Verbrechen für die Gesellschaft wenig gefährlich sind und dass in einem Lande, wo das Gesetz verlassene Mädchen nicht schützt, ihre Rache mehr Nutzen stiftet, indem sie künftige Verführer von vornherein abschreckt.[25]

Wie alle Massen werden die Geschworenen durch Ansehen stark geblendet, und Präsident des Glajeux macht mit Recht darauf aufmerksam, dass sie ihrer Zusammensetzung nach zwar sehr demokratisch, ihren Neigungen nach aber sehr aristokratisch seien. »Name, Geburt, Reichtum, Ruhm, und die Anwesenheit eines bekannten Anwalts, alles Auszeichnende und Glänzende sind für den Angeklagten eine erhebliche Unterstützung.«

Es muss die Hauptsorge eines guten Anwalts sein, auf die Gefühle der Geschworenen einzuwirken und, wie bei allen Massen, wenig zu begründen oder Beweisführungen nur in andeutender Form zu geben. Ein englischer Anwalt, der wegen seiner Erfolge am Schwurgericht berühmt war, hat dies Verfahren ausgezeichnet geschildert:

»Aufmerksam beobachtet er während seiner Verteidigungsrede die Geschworenen. Der Augenblick ist günstig. Mit Hilfe seines Spürsinnes und auch gewohnheitsmäßig liest der Anwalt die Wirkung jedes Satzes, jedes Wortes in den Mienen und zieht seine Schlüsse daraus. Es handelt sich vor allem darum, die Mitglieder herauszufinden, die im voraus für den Fall eingenommen sind. Der Verteidiger versichert sich ihrer im Handumdrehen, dann wendet er sich an die Mitglieder, die ungünstig gestimmt zu sein scheinen, und bemüht sich, zu erraten, warum sie gegen den Angeklagten sind. Das ist der schwierigste Teil der Arbeit, denn es kann außer dem Gerechtigkeitsgefühl noch unzählige Gründe geben, einen Menschen verurteilen zu wollen.«

Diese wenigen Zeilen fassen die Absichten der Rednerkunst treffend zusammen und zeigen uns die Wertlosigkeit der einstudierten Rede, weil man jeden Augenblick, je nach dem erzielten Eindruck, die Ausdrucksweise ändern muss.

Der Redner braucht nicht alle Mitglieder des Gerichts auf seine Seite zu bringen, sondern nur die tonangebenden, die die Gesamtmeinung beeinflussen. Wie bei allen Massen gibt es auch hier eine kleine Anzahl von führenden Einzelnen. »Ich habe die Erfahrung gemacht«, sagt der oben erwähnte Anwalt, »dass im Augenblick der Urteilsfällung ein oder zwei energische Männer genügen, um die übrigen Geschworenen mitzureißen.« Diese zwei oder drei Männer muss man durch geschickte Beeinflussung überzeugen. Zuerst und vor allem muss man ihnen gefallen. Der Massenmensch, dem man gefällt, ist schon beinahe überzeugt und gut vorbereitet, alle Gründe, die man ihm darlegt, für ausgezeichnet zu halten. In einer interessanten Arbeit über Lachaud finde ich folgende Anekdote:

»Man weiß, dass Lachaud, als er beim Schwurgericht arbeitete, während der ganzen Dauer seiner Verteidigungsreden zwei oder drei Geschworene, von denen er wusste oder fühlte, dass sie einflussreich, aber unzugänglich waren, nicht aus den Augen verlor. In der Regel gelang es ihm, die Widerspenstigen zu gewinnen. Aber einmal fand er in der Provinz einen, den er vergebens dreiviertel Stunden lang bearbeitete: den ersten auf der zweiten Bank, den siebenten Geschworenen. Es war zum Verzweifeln! Plötzlich mitten im leidenschaftlichen Redefluss hält Lachaud inne und wendet sich an den Vorsitzenden des Gerichtshofes mit den Worten: ›Herr Präsident, könnte man nicht den Vorhang dort vorn herunterlassen, den siebenten Herrn Geschworenen blendet die Sonne.‹ Der siebente Geschworene errötete, lächelte, dankte. Er war für die Verteidigung gewonnen.«

Verschiedene Autoren, und zwar sehr namhafte, haben in der letzten Zeit die Einrichtung der Schwurgerichte, den einzigen Schutz gegen die wirklich sehr häufigen Irrtümer einer aufsichtslosen Kaste, heftig bekämpft.[26] Einige möchten, dass die Geschworenen nur aus den gebildeten Ständen gewählt würden. Aber wir haben schon festgestellt, dass in diesem Falle die Entscheidungen den jetzt gefällten gleichen werden. Andere, die sich auf die Irrtümer der Geschworenen berufen, möchten sie abschaffen und durch Richter ersetzen. Wie können sie aber vergessen, dass die Irrtümer, die den Geschworenen so oft vorgeworfen werden, stets zuerst von den Richtern begangen wurden. Denn wenn der Angeklagte vor den Geschworenen erscheint, so wird er bereits von verschiedenen Richtern für schuldig gehalten: vom Untersuchungsrichter, vom Staatsanwalt, vom Anklagesenat. Und sieht man denn nicht, dass der Angeklagte seine einzige Aussicht, für unschuldig erklärt zu werden, einbüßte, wenn er schließlich von Richtern anstatt von Geschworenen abgeurteilt würde?

Die Irrtümer der Geschworenen sind zuerst stets Irrtümer der Richter gewesen. An diese allein muss man sich halten, wenn man auf besonders ungeheuerliche Justizirrtümer, wie die Verurteilung des Dr. X ..., stößt, der auf die Anzeige eines halbidiotischen Mädchens, das den Arzt beschuldigte, er habe sie für dreißig Franken abortieren lassen, von einem wirklich recht beschränkten Untersuchungsrichter verfolgt wurde, und der ohne den Entrüstungsausbruch der Öffentlichkeit, der seine sofortige Begnadigung durch das Staatsoberhaupt zur Folge hatte, ins Gefängnis gewandert wäre. Die Ehrenhaftigkeit, die dem Verurteilten von all seinen Mitbürgern zuerkannt wurde, ließ die Ungeheuerlichkeit des Irrtums besonders offenbar werden. Selbst die Richter erkannten das, und doch taten sie aus Kastengeist alles mögliche, um die Unterzeichnung der Begnadigung zu verhindern.

In allen solchen Fällen hören die Geschworenen, verwirrt von technischen Einzelheiten, die sie nicht verstehen, naturgemäß auf die Staatsanwaltschaft, da sie sich sagen, dass der Fall schließlich von Richtern, die in allen Feinheiten bewandert sind, geprüft sei. Wer sind also die wahren Urheber des Irrtums: die Geschworenen oder die Richter? Darum wollen wir sorgfältig über unsere Schwurgerichte wachen. Sie bilden vielleicht die einzige Gattung der Masse, die durch keinen Einzelnen zu ersetzen ist. Nur sie können die Härten des Gesetzes mildern, das, für alle gleich, im Prinzip blind sein muss und Sonderfälle nicht kennen darf. Der Richter, der nur den Wortlaut des Gesetzes kennt und für Mitleid unzugänglich ist, würde mit seiner Berufshärte den Raubmörder zu derselben Strafe verurteilen wie das arme Mädchen, das zum Kindesmord gedrängt wird, weil es von seinem Verführer verlassen und dem Elend preisgegeben ist, während die Geschworenen sehr wohl fühlen, dass das verführte Mädchen viel weniger schuld ist als der Verführer, der dem Gesetz entschlüpft, und dass es all ihre Nachsicht verdient.

Obwohl ich die Psychologie der Kasten so wie die der anderen Massen sehr wohl kenne, kann ich mir keinen Fall denken, der mich, wenn ich eines Verbrechens angeklagt wäre, nicht vorziehen ließe, lieber mit Geschworenen als mit Richtern zu tun zu haben. Bei den ersten hätte ich große Aussicht, schuldlos erkannt zu werden, bei den letzteren nur sehr geringe. Wir haben die Macht der Massen zu fürchten, aber noch mehr die Macht gewisser Kasten! Die Massen lassen sich vielleicht überzeugen, die Kasten geben niemals nach.

---

↑ (25) Nebenbei bemerkt, entbehrt diese Unterscheidung zwischen gesellschaftsfeindlichen und nicht gesellschaftsfeindlichen Verbrechen, die mit richtigem Instinkt von den Geschworenen gemacht wird, keineswegs der Richtigkeit. Das Ziel der Strafgesetze soll doch offenbar der Schutz der Gesellschaft gegen Verbrechen, nicht aber Rache sein. Nun sind aber unsere Strafgesetzbücher und besonders unsere Richter völlig von dem Rachegeist des alten, ursprünglichen Gesetzes erfüllt, und der Ausdruck ›Sühne‹ (vindicta) wird noch täglich gebraucht. Der Beweis für diese Neigung der Richter ist die Weigerung vieler von ihnen, das vortreffliche *Gesetz Beranger* anzuwenden, welches die Strafe des Verurteilten aufschiebt, bis er rückfällig wird. Und doch kann kein Richter darüber im unklaren sein – denn die Statistik beweist es ja –, dass die Verbüßung der ersten Strafe fast unfehlbar den Rückfall nach sich zieht. Die Richter glauben, wenn sie einen Schuldigen freisprechen, die Gesellschaft sei ungerächt geblieben. Ehe sie das zulassen, schaffen sie lieber einen gefährlichen Rückfälligen.

↑ (26) Der Richterstand ist in der Tat der einzige Verwaltungszweig, dessen Maßnahmen keiner Überwachung unterstellt sind. Keine Revolution hat es fertiggebracht, dem demokratischen Frankreich jenes *Habeas-corpus-Recht* zu erringen, auf das England so stolz ist. Wir haben die Tyrannen verbannt, aber in jeder Stadt verfügt eine Obrigkeit nach Belieben über Ehre und Freiheit der Bürger. Ein unbedeutender Untersuchungsrichter, der die Universität kaum verließ, hat die empörende Macht, die angesehensten Bürger, gegen die er den bloßen Verdacht einer Schuld hegt, für den er niemand Rechenschaft schuldig ist, ins Gefängnis zu schicken. Er kann sie sechs Monate, ja sogar ein Jahr unter dem Vorwand der Untersuchung dort festhalten und sie schließlich ohne Entschädigung oder Entschuldigung entlassen. Der Vorladungsbefehl ist dem ›lettre de cachet‹, dem königlichen geheimen Haftbefehl, gleichwertig, nur mit dem Unterschied, dass der letztere, der mit Recht der alten Monarchie so zum Vorwurf gemacht wird, nur sehr bedeutenden Persönlichkeiten zur Verfügung stand, während er sich heute in den Händen einer ganzen Bürgerklasse befindet, die keineswegs für die aufgeklärteste und unabhängigste gehen kann.

# 4. KAPITEL: DIE WÄHLERMASSEN

DIE WÄHLERMASSEN, d. h. die Gesamtheiten, die zur Wahl der Inhaber gewisser Ämter berufen sind, bilden ungleichartige Massen. Da sie aber nur in einer ganz bestimmten Frage ihre Wirksamkeit entfalten, nämlich bei der Wahl zwischen mehreren Kandidaten, so lassen sich bei ihnen nur einige der früher beschriebenen Merkmale beobachten. Besonders hervorragend ist die geringe Urteilsfähigkeit, dann der Mangel an kritischem Denken, die Erregbarkeit, Leichtgläubigkeit und Einfalt der Massen. Auch entdeckt man in ihren Entscheidungen den Einfluss der Führer und die Wirkung der bereits angeführten Triebkräfte: Behauptung, Wiederholung, Nimbus und Übertragung.

Sehen wir nun zu, wie sie zu gewinnen sind. Ihre Psychologie lässt sich nach bewährter Methode klar ableiten. Als erste Eigenschaft muss der Bewerber einen Nimbus haben. Persönlicher Nimbus kann nur durch Reichtum ersetzt werden. Talent und selbst Genie sind keine Vorbedingungen für den Erfolg.

Folglich ist der persönliche Nimbus des Bewerbers, um sich ohne weitere Erörterungen durchsetzen zu können, von ausschlaggebender Bedeutung. Dass die Wähler, die in der Mehrzahl aus Arbeitern und Bauern bestehen, so selten einen *ihrer* Leute als Vertreter wählen, erklärt sich daraus, dass ihre Standesgenossen keinen Nimbus bei ihnen haben. Sie wählen einen ihresgleichen fast nur aus nebensächlichen Gründen, etwa um einen hochgestellten Manne, einem mächtigen Arbeitgeber entgegenzutreten, weil der Wähler Tag für Tag die Abhängigkeit von diesem empfindet und sich so einbildet, einen Augenblick seiner Herr zu sein.

Aber der Besitz des Nimbus genügt für den Bewerber nicht zur Sicherung des Erfolges. Der Wähler hält darauf, dass man seinen Begierden und Eitelkeiten schmeichelt. Der Kandidat muss übertriebene Schmeicheleien anwenden und darf kein Bedenken tragen, die phantastischsten Versprechungen zu machen. Vor Arbeitern kann man ihre Arbeitgeber nicht genug beleidigen und schmähen. Den gegnerischen Bewerber wiederum muss man zu vernichten suchen, indem man durch Behauptung, Wiederholung und Übertragung zu beweisen sucht, er sei der ärgste Schuft, von dem jeder wisse, dass er etliche Verbrechen begangen habe. Selbstredend ist es unnötig, etwas vorbringen zu wollen, was einem Beweis ähnelt. Ist der Gegner ein schlechter Kenner der Massenpsychologie, so wird er sich durch Beweise zu rechtfertigen suchen, anstatt auf verleumderische Behauptungen einfach mit anderen ebenso verleumderischen zu antworten, und wird dann keine Aussicht auf Sieg haben.

Das geschriebene Programm des Kandidaten darf nicht sehr entschieden sein, weil seine Gegner es ihm später entgegenhalten könnten, aber sein mündliches Programm kann nicht übertrieben genug sein. Die außerordentlichsten Reformen dürfen in Aussicht gestellt werden. Für den Augenblick erzielen diese Übertreibungen große Wirkung und für die Zukunft verpflichten sie zu nichts. Der Wähler kümmert sich später tatsächlich nie darum, ob der Gewählte sein Glaubensbekenntnis, dem man begeistert zustimmte und das angeblich die Voraussetzung für das Zustandekommen der Wahl war, auch wirklich befolgt hat.

Wir erkennen hier alle Mittel der Überredung wieder, die oben beschrieben wurden. Wir werden sie auch in der Wirkung der *Worte* und *Redewendungen* wiederfinden, auf deren mächtige Herrschaft wir bereits hingewiesen haben. Der Redner, der die Massen zu behandeln weiß, führt sie nach Belieben. Ausdrücke wie: der verderbliche Kapitalismus, die gemeinen Ausbeuter, der bewundernswerte Arbeiter, die Sozialisierung der Besitztümer u. a. rufen stets die gleiche, schon etwas verbrauchte Wirkung hervor. Der Bewerber aber, der eine neue Redewendung entdeckt, die jeder bestimmten Bedeutung ermangelt und sich daher den verschiedensten Wünschen anzupassen vermag, erzielt unfehlbar Erfolg. Die blutige spanische Revolution von 1873 kam durch eins jener magischen, vieldeutigen Worte zustande, das jeder nach seiner Weise deuten kann. Ein zeitgenössischer Autor hat über ihre Entstehung in so denkwürdiger Weise berichtet, dass sie wiedergegeben zu werden verdient:

»Die Radikalen hatten entdeckt, dass eine einheitliche Republik eine verkappte Monarchie sei, und ihnen zu Gefallen hatten die Cortes einstimmig die *Verbündete Republik* ausgerufen, ohne dass auch nur einer der Abstimmenden hätte sagen können, worüber abgestimmt wurde. Aber diese Redewendung bezauberte die Welt, man war wie im Rausch, im Delirium. Die Herrschaft der Tugend und des Glücks war auf Erden gegründet worden. Ein Republikaner, dem von seinem Feind die Bezeichnung eines Verbündeten versagt wurde, fühlte sich durch einen tödlichen Schimpf beleidigt. Auf den Straßen ging man mit den Worten: ›*Salud y republica federal!*‹ aufeinander zu. Dann stimmte man der heiligen Zuchtlosigkeit und Selbstherrlichkeit der Soldaten Lobeshymnen an.

Was war die ›Verbündete Republik‹? Die einen verstanden darunter die Gleichberechtigung der Provinzen, Institutionen nach dem Muster der Vereinigten Staaten oder Aufhebung der einheitlichen Verwaltung, andere wieder dachten an die Beseitigung aller Obrigkeit, den baldigen Beginn der großen sozialen Abrechnung. Die Sozialisten in Barcelona und Andalusien predigten die unumschränkte Selbständigkeit der Gemeinden und forderten die Bildung von zehntausend unabhängigen Gemeinden in Spanien, die sich selbst ihre Gesetze geben und gleichzeitig Polizei und Heer aufheben würden. Bald sah man, dass sich der Aufstand in den südlichen Provinzen von Stadt zu Stadt, von Dorf zu Dorf ausbreitete. Sobald eine Gemeinde ihr ›pronunciamento‹ erlassen hatte, war ihre erste Angelegenheit, Telegraphen und Eisenbahnen zu zerstören, um alle Verbindungen mit der Umgegend und mit Madrid abzuschneiden. Der elendeste Flecken wollte in seiner eigenen Küche kochen. Der Föderalismus hatte einem rohen, mordbrennerischen und mörderischen Kantonalismus Platz gemacht, und überall wurden blutige Saturnalien gefeiert.«

Was den Einfluss der logischen Beweisgründe auf den Geist der Wähler anbelangt, so dürfte man nie den Bericht über eine Wahlversammlung gelesen haben, um nicht darüber im Klaren zu sein. Man tauscht dort Behauptungen, Beschimpfungen, manchmal auch Püffe aus, doch niemals Gründe. Es wird nur dann einen Augenblick ruhig, wenn ein würdiger Teilnehmer umständlich ankündigt, dass er an den Kandidaten eine jener verwickelten Fragen richten wolle, die die Zuhörer immer sehr belustigen. Die Zufriedenheit der Gegner dauert aber nicht lange, denn die Stimme des Vorredners wird bald von dem Geheul seiner Widersacher übertönt. Als Schilderung der Grundform öffentlicher Versammlungen sind folgende Berichte anzusehen, die aus hunderten ähnlicher herausgegriffen, den Tageszeitungen entnommen sind:

»Nachdem ein Ordner die Anwesenden ersucht hat, einen Vorsitzenden zu wählen, bricht der Sturm los. Die Anarchisten stürzen auf den Schauplatz, um sich des Rednerpultes im Sturm zu bemächtigen. Die Sozialisten verteidigen ihn energisch, man stößt einander, schimpft sich gegenseitig Spion, Bestochener und dergleichen ... ein Bürger zieht sich mit einem blauen Auge zurück. – Endlich ist mitten im Tumult, so gut es geht, der geschäftsführende Ausschuss eröffnet, und die Rednerbühne bleibt dem Genossen X.

Der Redner geht in scharfem Zug gegen die Sozialisten los, die ihn unterbrechen und schreien: ›Trottel, Bandit, Schurke!‹

usw. Genosse X beantwortet diese Schimpfnamen durch Darlegung einer Theorie, wonach die Sozialisten ›Idioten‹ oder ›Possenreißer‹ sind.«

»Die Allemanistische Partei hatte gestern Abend im Saale der Kaufmannschaft, in der Rue Faubourg-du-Temple, eine große Versammlung für das Fest der Arbeiterschaft am 1. Mai einberufen ... Das Losungswort war: Stille und Ruhe.

Genosse G... bezeichnet die Sozialisten als ›Trottel‹ und ›Schwindler‹. Diese Worte veranlassen Redner und Zuhörer zu schimpfen, sie geraten ins Handgemenge; Stühle, Bänke, Tische spielen ihre Rolle usw. usw.«

Man glaube ja nicht, diese Art der Auseinandersetzung sei nur einer bestimmten Art von Wählern eigen und abhängig von ihrer gesellschaftlichen Stellung. In jeder beliebigen Versammlung, und bestünde sie auch nur aus akademisch Gebildeten, nimmt die Auseinandersetzung leicht dieselben Formen an. Ich habe gezeigt, dass die Menschen als Glieder der Masse zur geistigen Angleichung neigen, dafür werden wir jederzeit den Beweis finden. Als Beleg diene folgender Auszug aus einem Bericht über eine Versammlung, die ausschließlich aus Studenten bestand:

»Je weiter der Abend vorschritt, um so heftiger wurde der Tumult. Ich glaube nicht, dass ein einziger Redner zwei Sätze ohne Unterbrechung vorbringen konnte. Fortwährend ertönten Rufe von der einen oder anderen Seite oder von allen Seiten zugleich; man klatschte Beifall, man pfiff. Erregte Auseinandersetzungen entspannen sich zwischen verschiedenen Anwesenden, Stöcke wurden drohend geschwungen, man stampfte im Takt auf den Boden. Wüstes Geschrei verfolgte die Störenfriede: Hinaus! Auf die Tribüne!

Herr C... überschüttet die Vereinigung mit niederträchtigen und gehässigen Beiwörtern wie: ungeheuerlich, gemein, käuflich und rachsüchtig und erklärt, er wolle sie vernichten usw.«

Man könnte sich fragen, wie sich unter solchen Bedingungen die Meinung eines Wählers bilden kann? Aber um eine derartige Frage zu stellen, müsste man sich einer erstaunlichen Täuschung über den Grad von Freiheit hingeben, dessen sich eine Gesamtheit erfreut. Die Massen haben nur eingeflößte, nie vernünftige Meinungen. Diese Meinungen und Abstimmungen der Wähler liegen in den Händen der Wahlausschüsse, deren Führer meistens einige Schankwirte sind, die großen Einfluss auf die Arbeiter haben, denen sie Kredit gewähren. »Wissen Sie, was ein Wahlausschuss ist?« schreibt Scherer, einer der eifrigsten Verteidiger der Demokratie, »ganz einfach der Schlüssel zu unseren Institutionen, das Hauptstück der politischen Maschinerie. Frankreich wird heute von den Ausschüssen regiert.«[27]

Es ist denn auch nicht allzu schwer, die zu beeinflussen, wenn der Bewerber nur einigermaßen annehmbar ist und über genügende Mittel verfügt. Nach dem Eingeständnis der Geldgeber genügten drei Millionen, um die vielfache Wahl des General Boulanger durchzusetzen. Das ist die Psychologie der Wählermassen. Sie ist die gleiche wie die der anderen Massen. Weder besser noch schlechter.

---

↑ (27) Die Ausschüsse, mögen sie nun Klubs, Syndikate usw. heißen, bilden vielleicht die furchtbarste Gefahr, die uns durch die Macht der Massen droht. Sie sind tatsächlich die unpersönlichste und daher drückendste Form der Gewaltherrschaft. Die Leiter der Ausschüsse, die im Namen einer Gesamtheit zu sprechen und zu handeln scheinen, sind aller Verantwortung enthoben und können sich alles erlauben. Der grausamste Tyrann hätte niemals gewagt, von den Verbannungen auch nur zu träumen, die vom Revolutionsausschuss angeordnet wurden. Sie hatten den Konvent verkleinert und regelrecht zugeschnitten, sagt Barras. Solange er in ihrem Namen sprechen durfte, war Robespierre unumschränkter Herr. An dem Tage, als sich der schreckliche Diktator selbstsüchtig von ihnen trennte, schlug die Stunde seines Untergangs. Herrschaft der Massen heißt Herrschaft der Ausschüsse, also der Führer. Einen härteren Despotismus kann man sich nicht vorstellen.

## DAS ALLGEMEINE STIMMRECHT

Ich will denn auch aus dem Vorstehenden keinen Schluss gegen das allgemeine Stimmrecht ziehen. Hätte ich über sein Geschick zu entscheiden, so würde ich es so beibehalten, wie es ist, und zwar aus praktischen Gründen, die sich eben aus unserer Untersuchung über die Psychologie der Massen ergeben, und die ich auseinandersetzen werde, wenn ich erst an seine Nachteile erinnert habe.

Die Nachteile des allgemeinen Stimmrechts fallen ohne Zweifel zu sehr in die Augen, als dass man sie verkennen könnte. Es ist nicht in Abrede zu stellen, dass die Kulturen das Werk einer kleinen Minderheit überlegener Geister gewesen sind. Diese bilden die Spitze einer Pyramide, deren Stufen nach unten gemäß der Abnahme des geistigen Wertes breiter werden und die tieferen Schichten eines Volkes darstellen. Die Größe einer Kultur darf gewiss nicht von dem Stimmrecht untergeordneter Elemente abhängen, die nichts als eine Zahl bedeuten. Ohne Zweifel sind die Abstimmungen der Massen recht oft gefährlich. Sie haben uns bereits mehrere Invasionen gekostet, und mit dem Triumph des Sozialismus werden uns die Einfälle der Volksherrschaft gewiss noch viel teurer zu stehen kommen ...

Aber diese Einwände, die theoretisch tadellos sind, büßen für die Praxis jede Kraft ein, wenn man sich der unüberwindlichen Macht der Ideen erinnert, die in Glaubenssätze umgewandelt wurden. Der Glaubenssatz von der Herrschaft der Massen ist vom philosophischen Standpunkt ebensowenig zu verfechten wie die religiösen Glaubenssätze des Mittelalters, aber er hat heute die unumschränkte Macht. Daher ist er ebenso unangreifbar wie einst unsere religiösen Ideen.

Man stelle sich einen modernen Freidenker vor, der durch eine magische Gewalt ins tiefste Mittelalter versetzt würde. Glaubt man etwa, er würde, wenn er die unumschränkte Macht der religiösen Ideen, die damals herrschten, erkannt hätte, versucht haben, sie zu bekämpfen? Hätte er daran gedacht, die Existenz des Teufels und den Hexensabbat zu leugnen, wenn er in die Hände eines Richters gefallen wäre, der ihn unter der Anschuldigung, einen Pakt mit dem Teufel geschlossen und den Hexensabbat besucht zu haben, verbrennen lassen wollte? Gegen die Überzeugungen der Masse kann man ebensowenig streiten wie gegen Zyklone.

Der Glaubenssatz des allgemeinen Stimmrechts hat heute die Macht, die einst die Lehren des Christentums besaßen. Redner und Schriftsteller sprechen darüber mit einer Achtung und mit

Schmeicheleien, die Ludwig XIV. nicht kennengelernt hat. Man muss ihm dieselbe Beachtung schenken wie allen religiösen Dogmen. Die Zeit allein wirkt auf sie.

Es wäre übrigens um so zweckloser, diese Lehre erschüttern zu wollen, als sie offensichtliche Gründe für sich hat. »In Zeiten der Gleichheit«, sagt Tocqueville treffend, »traut einer dem anderen nicht, weil alle einander ähnlich sind; aber gerade diese Ähnlichkeit gibt ihnen ein fast unbegrenztes Vertrauen in das Urteil der Allgemeinheit. Denn es erscheint nicht wahrscheinlich, dass, da alle die gleiche Einsicht haben, die Wahrheit nicht auf der Seite der größten Zahl zu finden sein soll.«

Darf man nun annehmen, die Abstimmungen der Massen würden durch die Beschränkung des Stimmrechts auf die Fähigen – wenn man will – eine Besserung erfahren? Ich kann es keinen Augenblick annehmen, und zwar aus Gründen, die ich oben bereits angeführt habe und die in der geistigen Beschränktheit aller Gesamtheiten liegen, wie sie auch immer zusammengesetzt sein mögen. Ich wiederhole: In der Masse gleichen sich die Menschen stets einander an, und die Abstimmung von vierzig Akademikern über allgemeine Fragen gilt nicht mehr als die von vierzig Wasserträgern.

Ich bin ganz und gar überzeugt, dass keine der Abstimmungen, die dem allgemeinen Stimmrecht so oft vorgehalten werden – wie etwa die Erneuerung des Kaisertums – anders ausgefallen wäre, wenn man die Abstimmenden ausschließlich aus dem Kreise der Gelehrten und Gebildeten genommen hätte. Man erwirbt durch die Kenntnis des Griechischen oder der Mathematik, dadurch, dass man Architekt, Tierarzt, Arzt oder Advokat ist, keine besondere Einsicht in Fragen des Gefühls. Alle unsere Nationalökonomen sind gelehrte Leute, in der Mehrzahl Professoren und Akademiker. Gibt es nur eine einzige allgemeine Frage, wie z. B. das Schutzzollsystem, in der sie übereinstimmten? Vor den sozialen Fragen, die voll sind von vielfachen Unbekannten und der Geheim- und Gefühlslogik unterliegen, gleichen sich alle Unwissenheiten aus.

Wenn also auch nur von Gelehrsamkeit strotzende Wähler den Wahlkörper bildeten, so würden ihre Abstimmungen doch nicht besser sein als die von heute. Sie würden sich vor allem durch ihre Gefühle und ihren Parteigeist leiten lassen. Wir hätten nicht eine Schwierigkeit weniger als jetzt und obendrein die harte Tyrannei der Kasten.

Ob nun das Wahlrecht beschränkt oder allgemein ist, ob es in einem republikanischen oder in einem monarchischen Lande herrscht, ob es in Frankreich, Belgien, Griechenland, Portugal oder Spanien gilt, überall ist das Wahlrecht der Massen ähnlich und gibt oft die unbewussten Ansprüche und Bedürfnisse der Rasse wieder. Der Durchschnitt der Gewählten stellt für jedes Volk die Durchschnittsseele seiner Rasse dar, die von einer Generation zu anderen so ziemlich die gleiche bleibt.

Und so kommen wir wiederum auf diesen Grundbegriff der Rasse zurück, dem wir schon so oft begegnet sind, und auf den anderen daraus abzuleitenden Gedanken, dass im Völkerleben die Institutionen und Regierungsformen nur eine sehr unwesentliche Rolle spielen. Denn die Völker werden vor allem durch die Rassenseele geleitet, d. h. durch die Ansammlung von Erbmasse, deren Summe diese Seele bildet. Die Rasse und das Getriebe der täglichen Bedürfnisse: das sind die geheimnisvollen Mächte, die unsere Geschicke lenken.

# 5. KAPITEL: DIE PARLAMENTSVERSAMMLUNGEN

DIE PARLAMENTSVERSAMMLUNGEN gehören zu den ungleichartigen, nicht namenlosen Massen. Obwohl ihre Zusammensetzung je nach Zeiten und Völkern wechselt, gleichen sie einander durch ihre Charaktermerkmale doch sehr. Der Rasseneinfluss macht sich hier wohl in einer Milderung oder Verstärkung bemerkbar, verhindert das Heraustreten dieser Charakterzüge jedoch nicht. Die Parlamentsversammlungen der verschiedenen Länder, wie Griechenland, Italien, Portugal, Spanien, Frankreich und Amerika, weisen große Ähnlichkeit in ihren Verhandlungen und Abstimmungen auf und überlassen die Regierungen dem Kampf mit den gleichen Schwierigkeiten.

Die parlamentarische Regierung fasst übrigens das Ideal aller modernen Kulturvölker in sich zusammen. Es bringt den psychologisch falschen, aber allgemein anerkannten Gedanken zum Ausdruck, dass eine Vereinigung von *vielen* Menschen im gegebenen Falle fähiger ist, eine kluge und unabhängige Entscheidung zu treffen, als eine kleine Anzahl.

In den Parlamentsversammlungen finden sich die Grundmerkmale der Massen wieder: Einseitigkeit der Ideen, Erregbarkeit, Beeinflussbarkeit, Überschwänglichkeit der Gefühle, überwiegender Einfluss der Führer. Aber infolge ihrer besonderen Zusammensetzung weisen die parlamentarischen Massen einige Unterschiede auf. Wir werden sie sogleich feststellen.

Die Einseitigkeit der Anschauungen gehört zu den ausgeprägtesten Merkmalen dieser Versammlungen. Man trifft bei allen Parteien, namentlich der lateinischen Völker, die unveränderliche Neigung, die verwickeltsten sozialen Fragen durch die einfachsten begrifflichen Grundsätze und durch allgemeine Gesetze zu lösen, die in jedem Falle angewandt werden können.

Natürlich sind die Grundsätze bei jeder Partei verschieden; aber allein durch die Tatsache ihrer Vereinigung zu Massen haben die Einzelnen stets die Neigung, den Wert dieser Grundsätze zu überschätzen und sie zu den äußersten Folgerungen zu treiben. Übrigens vertreten die Parlamente hauptsächlich die äußersten Ansichten.

Der vollkommenste Typus der Einseitigkeit der Versammlungen wurde durch die Jakobiner der großen Französischen Revolution verwirklicht. Da sie alle Dogmatiker und Logiker waren, die den Kopf voll verschwommener Gemeinplätze hatten, bemühten sie sich, unbekümmert um die Tatsachen, feste Grundsätze anzuwenden; und man hat mit Recht behauptet, sie hätten die Revolution erlebt, ohne sie zu sehen. Sie bildeten sich ein, mit einigen Glaubenssätzen eine Gesellschaft von Grund auf umgestalten und eine verfeinerte Kultur auf eine längst überschrittene Stufe der gesellschaftlichen Entwicklung zurückbringen zu können. Die gleiche völlige Einseitigkeit prägt sich auch in den Mitteln aus, die sie zur Verwirklichung ihres Traumes anwandten. In Wirklichkeit beschränkten sie sich auf die gewaltsame Zerstörung dessen, was sie störte. Übrigens beseelte alle, Girondisten, Bergpartei, Thermidorianer usw. derselbe Geist.

Die parlamentarischen Massen sind Einflüssen sehr zugänglich, und die Suggestion geht hier wie bei den übrigen Massen von Führern aus, die ein Nimbus umgibt. Doch hat in den Parlamentsversammlungen die Beeinflussung sehr klare Grenzen, die wir abstecken müssen.

Über alle Fragen lokalen Interesses hat jedes Mitglied einer Versammlung feste, unverrückbare Ansichten, die durch kein Beweismittel zu erschüttern sind. Nicht einmal das Talent eines Demosthenes könnte die Abstimmung eines Abgeordneten über Fragen des Schutzzollsystems oder über das Branntweinprivileg ändern – worin sich die Forderungen einflussreicher Wähler äußern. Die vorangegangene Beeinflussung durch die Wähler hat solches Übergewicht, dass alle anderen Einflüsse aufgehoben sind und eine unbedingte Festigkeit der Meinung aufrechterhalten wird.[28]

In allgemeinen Fragen aber, dem Sturz eines Ministeriums, der Auflage einer neuen Steuer usw., bestehen keine festgelegten Meinungen, und die Suggestionen können sich auswirken, wenn auch nicht ganz so stark wie in einer gewöhnlichen Masse. Jede Partei hat ihre Führer, die bisweilen gleich starken Einfluss ausüben. Der Abgeordnete befindet sich also zwischen entgegengesetzten Einflüssen, und es kann nicht ausbleiben, dass er unsicher wird. Daher sieht man ihn zuweilen schon nach einer Viertelstunde in entgegengesetztem Sinne abstimmen und einem Gesetz einen Zusatz beifügen, der es aufhebt: etwa den Industriellen das Recht der Auswahl und der Entlassung ihrer Arbeiter wegnehmen, und dann diese Maßnahmen durch einen Zusatz so ziemlich wieder für ungültig erklären.

Daher zeigt eine Kammer in jeder Legislaturperiode neben sehr festen Anschauungen andere, ganz unbestimmte. Da aber im Grunde die allgemeinen Fragen die meisten sind, so herrscht Unentschiedenheit vor, die durch die ständige Furcht vor dem Wähler genährt wird, dessen verborgener Einfluss dem der Führer stets das Gegengewicht zu halten weiß.

Und doch sind in den Auseinandersetzungen, wenn die Teilnehmer nicht von vornherein festgelegte Meinungen haben, die Führer die eigentlichen Herren.

---

↑ (28) Auf diese schon im voraus durch die Bedürfnisse der Wähler festgelegten Ansichten bezieht sich offenbar folgende Bemerkung eines alten englischen Parlamentariers: »In den fünfzig Jahren meiner Anwesenheit in Westminster habe ich Tausende von Reden gehört und nur wenige haben meine Ansichten verändert; aber nicht eine einzige hat auf meine Abstimmung Einfluss gehabt.«

## ROLLE UND MACHT DER FÜHRER

Führer sind offenbar notwendig, denn man findet sie als Parteihäupter in allen Ländern. Sie sind die wahren Herren der Versammlungen. Die Menschen, die in den Massen vereinigt sind, würden ohne Führer kein Ziel haben, und so zeigen die Abstimmungen im allgemeinen nur die Anschauungen einer kleinen Minderheit.

Ich wiederhole: die Führer wirken nur sehr wenig durch ihre Beweisgründe, sehr stark aber durch ihren Nimbus. Wenn irgendein Umstand ihn aufhebt, verlieren sie jeden Einfluss.

Dieser Führernimbus ist persönlich und hat nichts mit Namen und Berühmtheit zu tun. Jules Simon gibt uns recht eigenartige Beispiele dafür, wenn er über die großen Männer der Versammlung von 1848, der er beiwohnte, sagt:

»Noch zwei Monate vor seiner Allgewalt war Louis Napoleon nichts. – Victor Hugo bestieg die Rednertribüne. Aber er hatte keinen Erfolg. Man hörte ihn an, wie man Felix Pyat anhörte, aber er hatte nicht den gleichen Beifall. – ›Ich liebe seine Ideen nicht‹, sagte mir Vaulabelle über Felix Pyat, ›aber er ist einer der größten Schriftsteller und der größte Redner Frankreichs.‹ – Der seltene und mächtige Geist eines Edgar Quinet galt nichts. Er hatte seinen volkstümlichen Augenblick vor Eröffnung der Versammlung gehabt, in der Versammlung kam er nicht auf.

Die politischen Versammlungen sind die Stätten der Welt, wo der Glanz des Genies am wenigsten zur Geltung kommt. Man rechnet hier nur mit einer Beredsamkeit, die der Zeit und dem Ort angepasst ist, und mit Diensten, die man den Parteien erwiesen hat, nicht dem Vaterland. Damit Lamartine 1848 und Thiers 1871 zur Anerkennung gelangten, bedurfte es der dringenden, unabweisbaren Wichtigkeit als treibender Kraft. Als die Gefahr vorüber war, verschwand mit der Furcht auch die Dankbarkeit.«

Ich habe die Stelle nur der Tatsachen wegen wiedergegeben, die sie enthält, nicht wegen der versuchten Erklärungen, sie zeigen nur eine mittelmäßige Psychologie. Eine Masse würde ihren Charakter als Masse ja sogleich verlieren, wenn sie den Führern ihre Dienste, mögen sie nun dem Vaterland oder der Partei geleistet worden sein, in Anrechnung brächte. Die Masse unterliegt dem Nimbus des Führers, ohne dass ein Gefühl des Vorteils oder der Dankbarkeit dabei mitspielt.

Der Führer, der über genügend Nimbus verfügt, besitzt denn auch eine fast unumschränkte Macht. Man kennt die ungeheure Wirkung, die ein berühmter Abgeordneter dank seines Nimbus, den er dann infolge gewisser finanzieller Vorkommnisse augenblicklich einbüßte, jahrelang ausgeübt hat. Auf ein bloßes Zeichen von ihm wurden Minister gestürzt. Ein Schriftsteller hat in folgenden Zeilen die Tragweite seines Wirkens klar gezeichnet:

»Herrn C... besonders verdanken wir es, dass wir Tonking dreimal so teuer erkaufen mussten, als es hätte sein dürfen, dass wir auf Madagaskar nur eine unsichere Stellung gewonnen haben, dass wir uns ein ganzes Reich am unteren Niger rauben ließen, dass wir in Ägypten unsere Vorherrschaft eingebüßt haben. – Die Theorien von Herrn C... haben uns mehr Gebiet gekostet als die Niederlagen Napoleons I.«

Wir dürfen dem Führer deswegen nicht zu sehr zürnen. Gewiss ist es uns teuer zu stehen gekommen, aber ein großer Teil seines Einflusses hing mit seiner Anschmiegung an die öffentliche Meinung zusammen, die in kolonialen Fragen keineswegs die von heute war. Selten schreitet ein Führer der öffentlichen Meinung voran, fast immer begnügt er sich damit, ihre Irrtümer anzunehmen.

# Rhetorik der Führer

Die *Überredungsmittel* der Führer sind, abgesehen von ihrem Nimbus, die Faktoren, die wir schon wiederholt aufgezählt haben. Um sie geschickt zu handhaben, muss der Führer, wenigstens unbewusst, die Psychologie der Massen erfasst haben und wissen, wie man zu ihnen zu sprechen hat. Vor allem muss er den bezaubernden Einfluss der Worte, Redewendungen und Bilder kennen. Er muss eine besondere Beredsamkeit besitzen, die aus energischen Behauptungen, die nicht zu beweisen sind, und eindrucksvollen, von ganz allgemeinen Urteilen umrahmten Bildern zusammengesetzt ist. Diese Art Beredsamkeit findet man in allen Versammlungen, das englische Parlament, das ausgeglichenste von allen, inbegriffen.

»Wir können beständig die Verhandlungen im Unterhause verfolgen«, bemerkt der englische Philosoph Maine, »wo alle Verhandlungen im Austausch recht schwacher Gemeinplätze und grober Anzüglichkeiten bestehen. Auf die Einbildungskraft einer reinen Demokratie übt diese Art allgemeiner Redensarten eine erstaunliche Wirkung aus. Es wird immer leicht zu erreichen sein, dass eine Masse allgemeinen Versicherungen zustimmt, die mit packenden Worten vorgebracht werden, obwohl sie sich nie bewahrheitet haben, und ihre Verwirklichung vielleicht gar nicht möglich ist.«

Wie die angeführte Stelle zeigt, kann die Bedeutung von Schlüsselworten gar nicht überschätzt werden. Schon öfter haben wir die besondere Macht der Worte und Redewendungen betont, die so gewählt wurden, dass sie nur recht lebhafte Bilder hervorrufen. Folgender Satz aus der Rede eines Führers in Versammlungen gibt uns eine ausreichende Probe davon:

»An dem Tage, da einmal dasselbe Schiff den unlauteren Politiker und den mörderischen Anarchisten nach den Fiebergebieten der Verbannung bringt, werden sie sich miteinander unterhalten können und werden sich gegenseitig als die beiden komplementären Seiten derselben Gesellschaftsordnung erscheinen.«

Das so hervorgerufene Bild ist klar und treffend, und alle Gegner des Redners fühlen sich dadurch getroffen. Sie sehen mit einem Mal die Fiebergebiete, das Fahrzeug, das sie hinführen könnte, denn gehören sie nicht vielleicht zu der recht unbestimmt abgegrenzten Klasse der unlauteren Politiker? Es befällt sie also die gleiche dumpfe Furcht, wie sie die Konventsmitglieder empfunden haben müssen, die durch die unbestimmten Reden Robespierres mehr oder weniger mit der Guillotine bedroht wurden und ihm unter dem Druck dieser Furcht stets nachgaben.

Die Führer neigen alle dazu, in die unwahrscheinlichsten Übertreibungen zu verfallen. Der Redner, von dem ich soeben einen Satz anführte, konnte, ohne großen Protest hervorzurufen, behaupten, dass die Bankiers und Priester Bombenwerfer bezahlten, und die Verwaltungsräte der großen Finanzgesellschaften die gleiche Strafe verdienten wie die Anarchisten. Auf die Massen wirken solche Mittel immer. Die Behauptung ist nie zu stark, der Ton nie zu drohend. Nichts schüchtert die Zuhörer mehr ein. Durch Widerspruch fürchten sie für Verräter oder Mitschuldige zu gelten.

Diese besondere Beredsamkeit hat, wie gesagt, stets alle Versammlungen beherrscht, in kritischen Zeiten ist sie nur ausgeprägter. In dieser Hinsicht ist es interessant, die Reden der großen Revolutionsredner zu lesen. Sie fühlten sich verpflichtet, sich alle Augenblicke zu unterbrechen, um das Verbrechen zu verdammen und die Tugend zu preisen; dann brachen sie in Verwünschungen gegen die Tyrannen aus und schworen, frei leben oder sterben zu wollen. Die Anwesenden erhoben sich, klatschten stürmisch Beifall und ließen sich dann beruhigt wieder nieder.

Zuweilen gibt es einen intelligenten und gebildeten Führer, doch das schadet ihm in der Regel mehr als es ihm nützt. Die Intelligenz, die die Verbundenheit aller Dinge erkennt, die Verstehen und Erklären ermöglicht, macht nachgiebig und vermindert die Kraft und Gewalt der Überzeugungen erheblich, die die Apostel nötig haben. Die großen Führer aller Zeiten, die der Revolution hauptsächlich, waren sehr beschränkt und haben deshalb den größten Einfluss ausgeübt.

Die Reden des berühmtesten unter ihnen, Robespierre, verblüffen oft durch ihre Zusammenhanglosigkeit. Wenn man sie liest, findet man keine annehmbare Erklärung für die ungeheure Rolle des mächtigen Diktators:

Gemeinplätze und Weitschweifigkeiten pädagogischer Beredsamkeit und lateinischer Bildung im Dienste einer eher kindlichen als platten Seele, die sich beim Angriff wie bei der Verteidigung auf das ›komm doch ran‹ von Schülern zu beschränken scheint. Nicht ein Gedanke, keine Wendung, kein Einfall – es ist die Langeweile in höchster Steigerung. Man hört verdrießlich auf zu lesen und hat Lust, mit dem liebenswürdigen Camille Desmoulins ›ach!‹ zu seufzen.

Man erschrickt, wenn man bedenkt, welche Macht ein Mann, der sich mit einem Nimbus zu umgeben weiß, durch die Verbindung von starker Überzeugung mit außergewöhnlicher Beschränktheit des Geistes erlangt. Das sind jedoch die notwendigen Vorbedingungen, um die Hindernisse zu übersehen und um *wollen* zu können. Instinktiv erkennen die Massen in diesen kraftvoll Überzeugten die Gebieter, die sie brauchen.

Der Erfolg einer Rede in einer Parlamentsversammlung hängt fast ausschließlich vom Nimbus des Redners ab, keineswegs von den Gründen, die er vorbringt.

Der unbekannte Redner, dessen Rede gute Beweisgründe, aber nur Beweisgründe enthält, hat keine Aussicht, auch nur angehört zu werden. Ein ehemaliger Abgeordneter, Herr Descubes, hat das Bild des einflusslosen Abgeordneten in folgenden Zeilen entworfen:

»Sobald er die Rednerbühne bestiegen hat, nimmt er aus seiner Mappe einen Aktenstoß, den er planmäßig vor sich ausbreitet, und beginnt voll Zuversicht.

Er schmeichelt sich, die Überzeugung, die ihn beseelt, auf die Gemüter der Hörer übertragen zu können. Er hat seine Beweisgründe erwogen, steckt übervoll von Zahlen und Beweisen und ist überzeugt, recht zu haben. Jeder Widerstand wird vor der Klarheit seiner Darlegungen schwinden. Er beginnt im Vertrauen auf sein gutes Recht und die Aufmerksamkeit seiner Kollegen, die gewiss nichts mehr wünschen, als sich vor der Wahrheit beugen zu dürfen.

Er spricht – und sofort wundert er sich über die Bewegung im Saale und den Lärm, der so entsteht, er ist überrascht und etwas aufgeregt.

Warum wird es nicht ruhig? Weshalb diese allgemeine Unaufmerksamkeit? Was denken denn die, die sich miteinander unterhalten? Welch dringender Grund veranlasst einen anderen, seinen Platz zu verlassen?

Auf seinem Gesicht zeigt sich Unruhe; er runzelt die Stirn, hält inne. Durch den Vorsitzenden ermutigt, fährt er mit erhobener Stimme fort. Dieselbe Unaufmerksamkeit. Er überanstrengt seine Stimme, wird unruhig; der Lärm um ihn herum steigert sich. Er hört sich selbst nicht mehr, hält wieder inne, dann spricht er so gut es geht weiter, aus Furcht, sein Stillschweigen könne den peinlichen Ruf ›Schluss!‹ heraufbeschwören. Der Lärm wird unerträglich.«

## SITZUNGEN DES KONVENTS

In einem gewissen Grade der Erregung gleichen die Parlamentsversammlungen völlig den gewöhnlichen ungleichartigen Massen, und ihre Gefühle weisen folglich die Eigentümlichkeit auf, stets überschwänglicher Art zu sein. Sie lassen sich dann zu den größten Heldentaten oder zu den ärgsten Ausschreitungen hinreißen. Der Einzelne hört auf, er selbst zu sein und wird für Maßnahmen stimmen, die seinen persönlichen Vorteilen ganz entgegengesetzt sind.

Die Geschichte der Revolution zeigt, in welchem Maße die Versammlungen unbewusst werden und Beeinflussungen unterworfen sein können, die ihren Vorteilen ganz widersprechen. Es war für den Adel ein ungeheures Opfer, auf seine Vorrechte zu verzichten, und doch geschah es in jener berühmten Nacht der Konstituante. Der Verzicht auf ihre Unverletzlichkeit bedeutete für die Konventsmitglieder eine ständige Todesdrohung. Und doch leisteten sie ihn und fürchteten nicht, einander gegenseitig zu dezimieren, obwohl sie genau wussten, dass das Schafott, dem heute ihre Kollegen zugeführt wurden, morgen ihnen selbst bevorstand. Aber da sie jenen Grad von Automatismus erreicht hatten, den ich geschildert habe, konnte kein Bedenken sie hindern, sich den Einflüssen hinzugeben, die sie bezwangen. Folgende Stelle aus den Erinnerungen Billaud-Varennes, der zu ihnen gehört, ist in dieser Hinsicht durchaus allgemeingültig: »Die Entscheidungen, die man uns so sehr vorwirft, wollten wir noch zwei, ja, einen Tag vorher meistens selbst nicht, die Krise allein rief sie hervor.« Nichts ist zutreffender.

Dieselben Erscheinungen des Unbewussten traten während aller stürmischen Sitzungen des Konvents auf.

»Sie billigen und beschließen, was sie verabscheuen«, sagt Taine, »nicht allein Dummheiten und Torheiten, auch Verbrechen, Ermordung Unschuldiger, Freundesmord. Einmütig und unter dem lebhaftesten Beifall schicken die Linke und die Rechte vereint Danton, ihr natürliches Oberhaupt, den größten Förderer und Führer der Revolution, aufs Schafott. Einmütig und unter größtem Beifall stimmt die Rechte mit der Linken vereint für die ärgsten Beschlüsse der revolutionären Regierung. Einmütig und unter Rufen der Bewunderung und Begeisterung, unter leidenschaftlichen Zustimmungskundgebungen für Collot d'Herbois, Couthon, Robespierre, hält der Konvent durch unvorbereitete vielfache Wiederwahl die mörderische Regierung aufrecht, obwohl die Zentrumspartei sie wegen ihrer Mordtaten hasst und die Bergpartei sie verabscheut, weil ihre Reihen durch sie gelichtet werden. Zentrum und Berg, Mehr- und Minderheit enden damit, ihren eigenen Selbstmord zu fördern. Am 22. Prairial hat sich der ganze Konvent ergeben; am 8. Thermidor, während der ersten Viertelstunde nach der Rede Robespierres, abermals.«

Das Bild mag düster erscheinen, dennoch ist es wahrheitsgetreu. Die genügend erregten und beeinflussten Parlamentsversammlungen weisen dieselben Kennzeichen auf. Sie werden zur beweglichen Herde, die jedem Antrieb gehorcht. Folgende Schilderung der Versammlung von 1848, die wir dem Parlamentarier Spuller verdanken, dessen demokratische Gesinnung nicht angezweifelt werden kann, ist ganz allgemeingültig; ich entnehme sie der ›Revue litéraire‹. Man findet darin all die überschwänglichen Gefühle der Massen, die ich beschrieben habe, und die außerordentliche Beweglichkeit, die imstande ist, von einem Augenblick zum anderen die Stufenleiter verschiedenster Gefühle zu durchlaufen.

»Zwietracht, Eifersucht und Argwohn im Wechsel mit blindem Vertrauen und schrankenlosen Hoffnungen haben die Republikanische Partei ins Verderben geführt. Ihre Ahnungslosigkeit kann nur mit ihrem Misstrauen gegen alles verglichen werden. Kein Sinn für Gesetzlichkeit, kein Geist der Ordnung, nur Furcht und Illusionen ohne Maß: Bauer und Kind sind darin gleich. Ihre Ruhe wetteifert mit ihrer Ungeduld. Ihre Wildheit ist ebenso groß wie ihre Folgsamkeit. Das ist die Eigentümlichkeit eines unreifen Temperaments und des Mangels an Erziehung. Nichts setzt sie in Erstaunen, alles verwirrt sie. Zitternd, feige, und zugleich unverzagt und heldenhaft werden sie sich in die Flammen werfen und doch vor einem Schatten zurückweichen.

Wirkungen und Beziehungen der Dinge sind ihnen unbekannt. Ebenso schnell entmutigt wie erregt, sind sie allen Schrecken ausgesetzt, entweder himmelhoch jauchzend oder zu Tode betrübt, und haben nie den nötigen Grad und das passende Maß. Beweglicher als das Wasser, spiegeln sie alle Farben wider und nehmen alle Formen an. Auf welcher Grundlage müsste sich eine Regierung aufbauen, von der man hoffen könnte, dass sie bei ihnen festen Fuß fassen würde?«

Zum Glück äußern sich die Eigenschaften, die wir schilderten, nicht ständig in den Parlamentsversammlungen. Diese sind nur in gewissen Augenblicken Massen. In vielen Fällen bewahren die Einzelnen, die ihnen angehören, ihre Eigenart, und daher kann auch eine Versammlung vorzügliche, sachgemäße Gesetze ausarbeiten. Allerdings sind diese Gesetze von einem Fachmann im stillen Arbeitszimmer entworfen, und das angenommene Gesetz ist in Wahrheit das Werk eines Einzelnen. Nur die Fachleute bewahren die Versammlungen vor allzu sinnlosen, unerprobten Maßnahmen. Sie werden dann vorübergehend Führer, die Versammlung wirkt nicht auf sie, sondern sie wirken auf die Versammlung.

# Gefahren des Parlamentarismus

Trotz aller Schwierigkeiten ihrer Arbeitsweise bilden die Parlamentsversammlungen die beste Regierungsform, die die Völker bisher gefunden haben, um sich vor allem möglichst aus dem Joch persönlicher Tyrannei zu befreien. Sie sind jedenfalls das Ideal einer Regierung, wenigstens für Philosophen, Denker, Schriftsteller, Künstler und Gelehrte, kurz für alle, die den Gipfel einer Kultur bilden.

Sie bergen eigentlich nur zwei ernstliche Gefahren in sich: die übermäßige Verschwendung der Finanzen und die zunehmende Beschränkung der persönlichen Freiheit. Die erste Gefahr ist die notwendige Folge der Ansprüche und der Kurzsichtigkeit der Wählermassen. Wenn ein Parlamentsmitglied einen Antrag stellt, der offensichtlich demokratischen Anschauungen entspricht, z. B. auf Altersversorgung aller Arbeiter oder Gehaltszulage für Bahnwärter, Lehrer usw., so wagen die anderen Abgeordneten aus Furcht vor den Wählern nicht, sich den Anschein zu geben, als ob sie deren Vorteile durch Ablehnung der vorgeschlagenen Maßnahme geringschätzten. Sie wissen wohl, dass dadurch der Staatshaushalt stark belastet und die Auflegung neuer Steuern nötig werden wird. Doch bei der Abstimmung gibt es kein Zögern. Während die Folgen der Ausgabenvermehrung in weiter Ferne liegen und für sie keine unangenehmen Wirkungen haben, könnten sich die Folgen einer ablehnenden Abstimmung schon am nächsten Tage, wenn sie vor die Wähler treten müssen, bemerkbar machen.

An diese erste Ursache für die Überspannung der Ausgaben reiht sich eine andere, nicht weniger gebieterische: die Verpflichtung, alle Ausgaben für rein örtliche Bedürfnisse zu bewilligen. Kein Abgeordneter kann sich ihnen widersetzen, weil sie ebenfalls Forderungen der Wähler darstellen und weil jeder Abgeordnete nur dann das Nötige für seinen Wahlkreis erlangen kann, wenn er den entsprechenden Forderungen seiner Kollegen zustimmt.[29]

Die zweite der oben erwähnten Gefahren, die unvermeidliche Beschränkung der Freiheit durch die Parlamente, ist zwar weniger sichtbar, aber doch Tatsache. Sie ist eine Folge der zahllosen, stets einschränkenden Gesetze, deren Auswirkungen die kurzsichtigen Parlamente nicht bemerken und für die zu stimmen sie sich verpflichtet fühlen.

Diese Gefahr muss wohl unvermeidlich sein, denn selbst England, wo sich gewiss die vollkommenste Art der parlamentarischen Regierung zeigt und der Abgeordnete am unabhängigsten vom Wähler ist, vermochte ihr nicht zu entgehen. Herbert Spencer hatte in einer früheren Arbeit gezeigt, dass die Zunahme der scheinbaren die Abnahme der wirklichen Freiheit zur Folge haben müsse. In einer späteren Schrift. »Der Einzelne gegen den Staat«, nimmt er diese Behauptung wieder auf und sagt über das englische Parlament folgendes:

»Seit dieser Zeit hat die Gesetzgebung den Lauf genommen, den ich voraussagte. Diktatorische Maßnahmen, die sich rasch vervielfachten, haben das ständige Bestreben, die persönliche Freiheit zu beschränken, und zwar in zwiefacher Weise: Jedes Jahr wird eine immer größere Anzahl gesetzlicher Forderungen erlassen, die der früheren Handlungsfreiheit des Bürgers Beschränkung auferlegen und ihn zu Handlungen zwingen, die er früher nach Belieben begehen oder unterlassen konnte. Gleichzeitig haben immer drückendere Lasten, besonders örtliche Abgaben, von vornherein die Freiheit beschränkt, indem sie den Teil seines Einkommens, den er nach Belieben ausgeben konnte, verminderten und den Teil vergrößerten, der ihm weggenommen wurde, um je nach dem guten Willen der Beamten ausgegeben zu werden.«

Diese immer mehr zunehmende Freiheitsbeschränkung zeigt sich in allen Ländern in einer besonderen Weise, auf die Spencer nicht hingewiesen hat: Die Schaffung jener unzähligen gesetzlichen Maßnahmen allgemein beschränkender Art führt notwendig zur Erhöhung der Zahl, der Macht und des Einflusses der Beamten, die mit ihrer Durchführung beauftragt werden. Sie haben also alle Aussicht, die wahren Gebieter der Kulturländer zu werden. Ihre Macht ist um so größer, als nur die Beamtenkaste, als einzige, die unverantwortlich, unpersönlich und auf Lebenszeit angestellt ist, dem unaufhörlichen Machtwechsel entgeht. Nun gibt es aber keine Gewaltherrschaft, die härter ist als diese, die in dieser dreifachen Gestalt auftritt.

Die fortwährende Schaffung von Gesetzen und Beschränkungsmaßnahmen, die die unbedeutendsten Lebensäußerungen mit byzantinischen Förmlichkeiten umgeben, hat das verhängnisvolle Ergebnis, den Bereich, in dem sich der Bürger frei bewegen kann, immer mehr einzuengen. Als Opfer des Irrtums, dass durch Vermehrung der Gesetze Freiheit und Gleichheit besser gesichert würden, nehmen die Völker nur drückendere Fesseln auf sich. Sie nehmen sie nicht ungestraft auf sich. Gewohnt, jedes Joch zu tragen, kommen sie schließlich dahin, es aufzusuchen, und büßen zuletzt alle Ursprünglichkeit und Kraft ein. Sie sind nur noch wesenlose Schatten, Automaten, willenlos, ohne Widerstand und Kraft.

Wenn der Mensch in sich selbst die Spannkraft nicht mehr findet, muss er sie anderswo suchen. Mit der zunehmenden Gleichgültigkeit und Ohnmacht der Bürger muss die Bedeutung der Regierungen nur noch mehr wachsen. Sie müssen notgedrungen den Geist der Initiative, der Unternehmung und Führung besitzen, den der Bürger verloren hat. Sie haben alles zu unternehmen, zu leiten, zu schützen. So wird der Staat zu einem allmächtigen Gott. Die Erfahrung lehrt aber, dass die Macht solcher Gottheiten weder von Dauer noch sehr stark war.

Die fortschreitende Einschränkung aller Freiheiten bei gewissen Völkern, trotz einer Ungebundenheit, die ihnen Freiheit vortäuscht, scheint eine Folge ihres Alters und ebenso sehr der Regierung zu sein. Sie ist ein Vorzeichen für die Entartung, der bisher noch keine Kultur entgehen konnte.

Wenn man aus den Lehren der Vergangenheit Schlüsse zieht und nach den Anzeichen urteilt, die überall in Erscheinung treten, so sind mehrere unserer modernen Kulturen auf dieser Stufe des höchsten Greisenalters, das der Entartung vorangeht, angelangt. Bestimmte Entwicklungsformen scheinen für alle Völker unabwendbar zu sein, da sich dieser Verlauf in der Geschichte so oft wiederholt. Es ist leicht, die Stufen dieser Entwicklung ganz allgemein zu kennzeichnen, und mit dieser Zusammenfassung soll unsere Arbeit abgeschlossen werden.

↑ (29) Die Zeitschrift ›L'Economiste‹ gab in ihrer Nummer vom 6. April 1895 einen seltsamen Überblick über die Jahresunkosten, die die Interessen der Wähler verursachen, besonders die Eisenbahnen. Um Langayes (Stadt von 3.000 Einwohnern), die auf einem Berge liegt, mit Puy zu verbinden, bewilligte man eine Bahn, die 15 Millionen kostete. Um Beaumont (3.500 Einwohner) mit Castel-Sarrazin zu verbinden, bewilligte man 7 Millionen. Die Verbindung des Dorfes Oust (523 Einwohner) mit dem Dorfe Seix (1.200 Einwohner) kostete 7 Millionen. Um Prades mit dem Marktflecken Olette (747 Einwohner) zu verbinden, gab man 6 Millionen aus, usw. Allein das Jahr 1895 verbrauchte 90 Millionen für Eisenbahnschienen, für die nicht das geringste allgemeine Interesse vorhanden ist. Andere Ausgaben, die ebenfalls Wählerbedürfnissen entspringen, sind nicht weniger schwerwiegend. Das Gesetz über die Altersversorgung der Arbeiter wird nach Aussage des Finanzministers im Jahre die Mindestsumme von 165 Millionen, nach Leroy-Beaulieu von der Akademie 800 Millionen kosten. Das ununterbrochene Anwachsen solcher Ausgaben muss notwendigerweise zum Bankrott führen. Viele Staaten Europas, Portugal, Griechenland, Spanien, die Türkei, sind dabei angelangt, andere werden bald soweit sein. Aber man braucht sich nicht viel darum zu kümmern, da das Publikum ohne großen Widerspruch nach und nach die Kürzung von vier Fünfteln aller Zinszahlungen der verschiedenen Länder angenommen hat. Derartige sinnreiche Bankrotte machen es also möglich, die gefährdeten Haushaltpläne wieder ins Gleichgewicht zu bringen. Die Kriege, der Sozialismus, die wirtschaftlichen Kämpfe werden uns übrigens noch genug andere Katastrophen bringen, und in einer Zeit allgemeinen Zerfalls muss man sich damit begnügen, in den Tag hineinzuleben, ohne allzu sehr an das Morgen zu denken, das sich unserer Macht entzieht.

## Geschichtsphilosophisches Ergebnis

Wenn wir in großen Zügen die Entstehung der Größe und des Niedergangs der Kulturen der Vergangenheit betrachten, so sehen wir folgendes:

Beim Erwachen dieser Kulturen einen zusammengewehten Haufen von Menschen verschiedenster Abstammung, zufällig vereinigt durch Wanderungen, Überfälle und Eroberungen. Von verschiedenem Blut, verschiedener Sprache und ebenso verschiedenen Anschauungen, hält diese Menschen kein anderes Band zusammen als das halb anerkannte Gesetz eines Häuptlings. In ihrem verworrenen Haufen finden sich die psychologischen Merkmale der Massen im höchsten Maße. Sie zeigen den Zusammenhang für den Augenblick, den Heldenmut, die Schwächen, die Triebhandlungen und die Gewalttätigkeiten. Nichts ist bei ihnen von Dauer. Sie sind Barbaren.

Dann vollendet die Zeit ihr Werk. Gleichheit der Umgebung, wiederholte Vermischungen, das Bedürfnis eines Gemeinschaftslebens fangen langsam an zu wirken. Die verschiedenen Bestandteile des Haufens beginnen zu verschmelzen und eine Rasse zu bilden, d. h. ein Aggregat mit gemeinsamen Eigenschaften und Gefühlen, die sich durch Vererbung immer mehr befestigen. Die Masse ist ein Volk geworden, und dies Volk kann sich aus der Barbarei erheben.

Es wird sie aber erst dann völlig hinter sich haben, wenn es sich nach langen Anstrengungen, unaufhörlich wiederholten Kämpfen und unzähligen Ansätzen ein Ideal errungen hat. Die Beschaffenheit dieses Ideals ist nicht wichtig. Ob es der Kultus Roms, die Macht Athens oder der Triumph Allahs ist, es wird imstande sein, allen Einzelnen der Rasse, die sich bilden will, vollkommene Einheit des Fühlens und Denkens zu verleihen.

Nun kann eine neue Kultur mit ihren Institutionen, Glaubensformen und Künsten entstehen. Von ihrem Wunschtraum fortgerissen, wird die Rasse nach und nach alles gewinnen, was Glanz, Kraft, Größe verleiht. Zuweilen wird sie zweifellos Masse sein, aber hinter den beweglichen und wechselnden Eigenschaften der Masse wird das feste Gefüge, die Rassenseele, stehen, welche die Schwingungsweite eines Volkes genau bestimmt und den Zufall regelt.

Nach Vollendung ihrer schöpferischen Wirkung aber beginnt die Zeit jenes Zerstörungswerk, dem weder Götter noch Menschen entgehen. Ist die Kultur auf einer gewissen Höhe der Macht und Mannigfaltigkeit angelangt, so hört sie auf zu wachsen, und sobald sie zu wachsen aufhört, ist sie zu raschem Niedergang bestimmt. Bald schlägt die Stunde des Alters.

Diese unentrinnbare Stunde ist stets durch das Verblassen des Ideals gekennzeichnet, das die Rassenseele erhob. In dem Maße, als dies Ideal abstirbt, beginnen alle von ihm geschaffenen religiösen, politischen und gesellschaftlichen Gebilde zu wanken.

Mit dem fortschreitenden Schwinden ihres Ideals verliert die Rasse mehr und mehr alles, was ihren Zusammenhalt, ihre Einheit und Stärke bildete. Der Einzelne kann an Persönlichkeit und Verstand wachsen, gleichzeitig tritt aber an die Stelle des Gemeinschaftsegoismus der Rasse die übermäßige Entfaltung des Einzelegoismus, die von einer Schwächung des Charakters und einer Verringerung der Tatkraft des Ganzen begleitet wird. Was ein Volk, eine Einheit, einen Block bildete, wird zuletzt ein Haufen zusammenhangloser Einzelner, die nur noch künstlich durch Überlieferungen und Institutionen zusammengehalten werden. Dann geschieht es, dass die Menschen, die durch ihre Neigungen und Ansprüche voneinander getrennt sind, sich nicht mehr regieren können und danach verlangen, selbst in den unbedeutendsten Handlungen geführt zu werden, und dass der Staat seinen verzehrenden Einfluss ausübt.

Mit dem endgültigen Verlust des früheren Ideals verliert die Rasse zuletzt auch ihre Seele, sie ist dann nur noch eine Menge alleinstehender Einzelner und wird wieder, was sie am Ausgangspunkt war, eine Masse. Sie zeigt all ihre flüchtigen, unbeständigen und zukunftslosen Eigenschaften. Die Kultur ist ohne jede Festigkeit und allen Zufällen preisgegeben. Der Pöbel herrscht, und die Barbaren dringen vor. Noch kann die Kultur glänzend scheinen, weil sie das äußere Ansehen bewahrt, das von einer langen Vergangenheit geschaffen wurde, tatsächlich aber ist sie ein morscher Bau, der keine Stütze mehr hat und beim ersten Sturm zusammenbrechen wird.

Aus der Barbarei von einem Wunschtraum zur Kultur geführt, dann, sobald dieser Traum seine Kraft eingebüßt hat, Niedergang und Tod – in diesem Kreislauf bewegt sich das Leben eines Volkes.

*~ ENDE ~*